ESPAÑOL 2000
NIVEL MEDIO

SOLUCIONARIO

SOCIEDAD GENERAL ESPAÑOLA DE LIBRERÍA, S. A.

Primera edición 2000
Cuarta edición 2004

Produce: SGEL Educación
Avda. Valdelaparra, 29 - 28108 ALCOBENDAS - MADRID

© Jesús Sánchez Lobato y Nieves García Fernández, 2000
© Sociedad General Española de Librería, S. A., 2000
Avda. Valdelaparra, 29 - 28108 ALCOBENDAS - MADRID

ISBN: 84-7143-796-1
Depósito Legal: M. 4.101-2004
Impreso en España - Printed in Spain

Composición e impresión: Nueva Imprenta, S. A.
Encuadernación: Europa, S. A. L.

Queda prohibida, salvo excepción prevista en la Ley, cualquier forma de reproducción, distribución, comunicación pública y transformación de esta obra sin contar con autorización de los titulares de propiedad intelectual. La infracción de los derechos mencionados puede ser constitutiva de delito contra la propiedad intelectual (arts. 270 y ss. Código Penal). El Centro Español de Derechos Reprográficos (www.cedro.org) vela por el respeto de los citados derechos.

LECCIÓN 1

1 1. Antes había menos. 2. Antes estaba menos delgada. 3. Antes fumaba más. 4. Antes teníamos coche. 5. Antes jugaba peor. 6. Antes hablaba peor. 7. Antes ibais más. 8. Antes trabajaba más. 9. Antes salían más. 10. Antes era menos ruidosa.

2 1. Mi abuelo iba todos los domingos al fútbol. 2. Cuando yo era niño, tenía miedo de las tormentas. 3. Mientras ella hacía la comida, él ponía la mesa. 4. Siempre que él nos visitaba, nos traía flores. 5. Cuando nosotros estudiábamos en Salamanca, solíamos comer en un restaurante. 6. Todos los fines de semana Juan daba un paseo por el bosque. 7. Cada vez que él nos veía, nos pedía dinero. 8. La casa en donde mis abuelos vivían, tenía un jardín grandísimo. 9. Nuestro padre era un hombre muy liberal y siempre estaba dispuesto a dialogar con nosotros. 10. El niño estaba enfermo desde hacía dos días.

3 1. La semana pasada tuve mucho trabajo. 2. Ayer no pudimos ir a pasear. 3. El jueves pasado fue día de fiesta. 4. El año pasado María estuvo estudiando inglés. 5. Ayer por la tarde él vino en tren. 6. El domingo pasado fuimos a la ópera. 7. Ayer (por la noche) hubo un concierto de rock. 8. El año pasado (ellos) vivieron en París. 9. La radio retransmitió ayer un partido muy interesante. 10. El mes pasado ella trabajó en una empresa extranjera.

4 1. Pablo Neruda nació en Chile en 1904 y murió en Santiago en 1973. 2. En 1484 Colón llegó a España y habló con los Reyes Católicos. 3. Los árabes estuvieron en España desde el año 711 hasta el año 1492. 4. La primera parte de *El Quijote* apareció en Madrid en 1605; diez años más tarde se publicó la segunda parte. 5. Pablo Picasso (1881-1975) ingresó a los diez años en el instituto, donde dio sus primeros pasos artísticos. 6. La Expo'92 se celebró en Sevilla. 7. En 1998 España se integró en la moneda única europea. 8. El huracán Mitch arrasó Centroamérica y causó más de 1.000 muertos. 9. La OTAN ordenó atacar Yugoslavia en marzo de 1999. 10. Günter Grass ganó el premio Nobel de literatura ese mismo año.

5 1. Hoy hemos ido al concierto. 2. Esta tarde me he quedado en casa. 3. El herido ha tenido que ser operado enseguida. 4. Hoy ha hecho mucho frío. 5. Él siempre nos ha ayudado. 6. Este fin de semana no hemos podido jugar al tenis. 7. Mi hermano ha terminado sus estudios. 8. Esta semana he estado muy ocupado. 9. La función ha empezado hoy a las 7. 10. Hoy ha habido paella de primer plato.

Ilustraciones *Imperfecto/indefinido*

Ayer no fue a trabajar porque le dolía mucho la cabeza. Aunque llovía/llovió a cántaros, ellos hicieron la excursión. Como no había entradas, dimos/dieron un paseo por el parque. Cuando ella estaba/estuvo en Londres, la vida era más barata. Mi coche derrapó porque la carretera estaba muy resbaladiza. La casa donde nosotros vivimos/vivíamos antes tenía un hermoso jardín. La obra que vimos ayer nos gustó mucho. El avión no pudo/podía salir porque había mucha niebla. Cuando ella se casó, sólo tenía 18 años.

6 1. Cuando te he llamado esta mañana, tú ya te habías ido. 2. No sé dónde he puesto mis gafas. 3. Nosotros no hemos/habíamos podido ir al concierto porque se han/habían agotado las entradas. 4. Ella ha/había estado enferma toda la semana. 5. Cuando salimos de viaje, aún no había amanecido. 6. Los niños han/habían roto el cristal de la ventana. 7. Esta mañana no han abierto las panaderías. 8. Cuando llegaron a la estación, el tren ya había salido. 9. Tú no me has/habías dicho todavía nada del asunto. 10. Cuando llegó Pedro, nosotros ya habíamos comido.

7 Nos iremos mañana; las haremos esta tarde; Carlos nos lo habrá reservado ya; Le llamaré ahora; Seguramente él ya estará en casa: Esta tarde volveré a intentarlo; tendremos que dormir en el camping; ¿No hará todavía mucho frío...?; mañana ya habrá pasado la borrasca y brillará de nuevo el sol ¿A qué hora saldréis...?; a las siete ya estaremos ahí; yo ya habré solucionado todo.

Ilustraciones *Tiempos de indicativo*

Este verano hemos pasado... que nos habían recomendado unos amigos. Todas las mañanas íbamos a la playa. A veces nos quedábamos allí a comer, pero por lo general volvíamos al hotel y después de comer dormíamos la siesta. El primer fin de semana hicimos una excursión... Aunque yo ya había estado varias veces..., mi mujer y mis hijos no conocían aún la Alhambra y a mí me apetecía recordar viejos tiempos. El único día que amaneció nublado nos fuimos con unos amigos a ver las Cuevas de Nerja, que están a unos 60 km. de Málaga. Estas cuevas son una maravilla... y sirven de escenario... Muchas tardes alquilamos/alquilábamos un coche y recorrimos/recorríamos los pueblos... Mijas es el pueblo que más nos gustó/ha gustado, pues tiene unas vistas preciosas. Creo que el próximo año iremos otra vez allí porque nos lo hemos pasado/pasamos muy bien y nuestros hijos han hecho/hicieron muy buenos amigos.

8 Recuerdo aquella tarde. Pajarito de Soto vino a buscarme... y tiritaba con las manos en los bolsillos. No llevaba abrigo porque no tenía. No hacía ni dos horas que yo había dejado a Teresa... Caminamos charlando por la Gran Vía y nos sentamos en los jardines... Pajarito de Soto me habló de los anarquistas, yo le dije que nada sabía. —¿Estás interesado en el tema? —Sí, por supuesto —le dije más por agradarle... —Entonces, ven. Te llevaré a un sitio interesante. —Oye, ¿no será peligroso? —exclamé alarmado.

Ejercicio de acentuación

Durante cuatro horas la ventana permaneció cerrada. Unos metros más arriba, las luces de la terraza seguían festejando la noche, y él, sentado en el tronco cortado de un pino, con el mentón entre las manos y los ojos clavados en aquella ventana, creyó estar viviendo las horas más atroces de su existencia. Notaba frío en la espalda, y algo en su interior, allá dentro en las entrañas, empezaba a segregar la vieja tristeza que de niño corría por su sangre. «No quiere —se decía—, no quiere». Oía música de discos y vio llegar a un hombre en un coche, al que se recibió con alegres gritos de bienvenida.

Ejercicio de puntuación

Habían llegado muy de mañana en el autobús, con el resto de la colonia que la guerra sorprendió a mitad del verano, desde que el frente cortó el ferrocarril, dejando en la otra zona al padre. Los tres, la madre y los dos hijos, iban retrocediendo, alejándose más, acatando las órdenes de evacuar.

Los días pasaban en procesión fugaz, como los pueblos. Los trenes cargados de soldados, los nuevos jefes de control, que cada mañana conocían aldeas blancas, solas..., ancianos impasibles, niños desconocidos mirando sin saludar, sentados a horcajadas en las arribas de la carretera....

LECCIÓN 2

1 1. Quizá nosotros nos quedemos hoy en casa. 2. Ojalá el telegrama llegue aún a tiempo. 3. Probablemente sea interesante asistir. 4. Tal vez usted pueda ayudarnos. 5. Quizá llueva mañana. 6. Posiblemente vaya esta tarde con mi madre al médico. 7. Ojalá nos volvamos a ver pronto. 8. No es muy probable que él ya esté en casa. 9. Tal vez tenga ella la culpa de todo. 10. Es muy posible que el tren venga con retraso.

2 1. Espero que la película sea interesante. 2. Dudo que Pedro sepa la verdad. 3. Siento que se vaya ya. 4. Me temo que haya mucha cola. 5. Dudo que ellos se den cuenta de la situación. 6. Lamento que su padre esté enfermo. 7. No creo que aquí haya buenas playas. 8. Me alegro de que os vayáis de vacaciones al mar. 9. Espero que haga buen tiempo en verano. 10. Te pido que me des un poco de dinero.

3 1. No creo que ellos sepan algo del asunto. 2. No creo que él vaya hoy. 3. No creo que el trabajo esté ya terminado. 4. No creo que haya aún habitaciones libres. 5. No creo que este problema sea difícil de solucionar. 6. No creo que esta empresa dé muchas facilidades. 7. No creo que Pilar sea andaluza. 8. No creo que ellos digan la verdad. 9. No creo que en el norte de Italia haga mal tiempo en verano. 10. No creo que vayan mañana de excursión.

4 1. Me ha sacado una entrada para que vaya con él. 2. El padre le ha mandado dinero para que pague el alquiler. 3. Les cuento un cuento para que se estén quietos. 4. Hemos abierto la ventana para que entre el aire. 5. Le ha regalado una foto para que piense en él. 6. Os he alquilado un coche para que vayáis de excursión. 7. Le he llamado para que me diga la verdad. 8. Les hemos escrito para que vengan a vernos. 9. Les han llevado al zoo para que vean los animales. 10. Mi padre me la ha comprado para que aprenda a escribir a máquina.

Ilustraciones *Uso del subjuntivo*

Dile que estudie más; Diles que hagan los deberes; Dile que la arregle; Dile que sea más puntual; Dile que esté aquí a las siete; Diles que vayan a clase esta tarde; Dile que te dé el dinero; Dile que ponga la mesa: Diles que lo devuelvan.

5 1. No cerréis la puerta. 2. No te pongas el abrigo. 3. No se levante. 4. No te quedes aquí. 5. No leáis este libro. 6. No entren en esta habitación. 7. No paséis por esta puerta. 8. No cuelgue el teléfono. 9. No se lo digas a tu hermano. 10. No vayan deprisa.

Ilustraciones *Uso del subjuntivo*

Quizá venga hoy Paco; Es posible que salgan de viaje; ¡Ojalá (que) se salve!; Es probable que haya nieve; Quizá mañana haga buen tiempo; Tal vez llegue a tiempo; Quizá sea interesante esta película; Es posible que esté mañana a las ocho; Tal vez ya la sepan.

6 1. Me aconseja que no estudie por la noche. 2. Nos pide que no fumemos en clase. 3. Nos manda que no digamos nada. 4. Me suplica que no haga ruido. 5. Me dice que no conduzca tan deprisa. 6. Nos pide que no perdamos la calma. 7. Nos ruega que no pongamos la TV. 8. Me recomienda que no vea esta película. 9. Nos dice que no vengamos tarde. 10. Nos pide que no seamos tan impacientes.

7 1. Cuando tenga tiempo, iré al cine. 2. Cuando llegue a casa, me pondré a trabajar. 3. Cuando haga bueno, iremos a la playa. 4. Cuando le pregunte su opinión, no dirá nada. 5. Cuando esté en Barcelona, daré un paseo. 6. Cuando sea primavera, los campos se cubrirán de flores. 7. Cuando se levante de la siesta, tendrá un humor de perros. 8. Cuando vayamos a Madrid, visitaremos el Museo. 9. Cuando ella sepa algo más, me lo comunicará. 10. Cuando haya fresas, mi madre me hará una tarta.

8 1. He oído la noticia por la radio. 2. Nos vendió su coche por 3.000 euros. 3. Necesito una mesa grande para mi despacho. 4. Él ha viajado por todo el mundo. 5. Perdonen, pero tengo que llamar por teléfono. 6. Tiene mucho dinero, trabaja sólo por placer. 7. El profesor nos ha mandado muchos ejercicios para mañana. 8. Esta contaminación no es buena para la salud. 9. Había muchos papeles tirados por el suelo. 10. No seas cabezota. Hazlo por mí.

9 1. ¿No ves que estoy muy ocupado? 2. El ruso es un idioma. 3. Somos cinco hermanos. Sólo Luis está casado. 4. El ministro estuvo ayer en Barcelona, hoy está en Valencia y mañana estará en Alicante. 5. El ascensor no funciona, está estropeado. 6. El coche que compré ya no es/está nuevo, pero está casi nuevo. 7. Hoy es el cumpleaños de mi madre y quiero estar con ella. 8. Este muchacho es muy inteligente, pero es una lástima que sea tan vago. 9. Las cosas, cuando son de buena calidad, siempre son caras. 10. La sala donde están las máquinas es demasiado oscura.

Ejercicio de acentuación

Y Cuéllar, por su parte, tampoco se decidía: seguía noche y día detrás de Teresita Arrarte, contemplándola, haciéndole gracias, mimos y en Miraflores los que no sabían se burlaban de él, calentador, le decían, pura pinta, perrito faldero y las chicas le cantaban: «Hasta cuándo, hasta cuándo», para avergonzarlo y animarlo. Entonces, una noche lo llevamos al *Cine Barranco* y, al salir, hermano, vámonos a *La Herradura* en tu poderoso Ford y él okey, se tomarían unas cervezas y jugarían futbolín, regio.

Ejercicio de puntuación

Agresivo lujo burgués del comedor de cinco estrellas. Moquetas que ahogan los pasos, rebullir de camareros engalanados. Van y vienen entre las plantas tropicales, encaramadas a su cielo ilusorio. Fondo de música que nadie escucha. En una pared, un gran retrato: un general a caballo, repleto de bríos y medallas, con una lejanía de explosiones e incendios, cadáveres, guerra... Algo que despierta con viveza el escalofrío de la Historia nacional.

LECCIÓN 3

1 1. No creo que lo haya comprado. 2. No creo que lo hayamos aprobado. 3. No creo que lo hayan perdido. 4. No creo que lo haya ganado. 5. No creo que haya venido. 6. No creo que la hayan encontrado. 7. No creo que haya nevado. 8. No creo que hayan salido. 9. No creo que haya resuelto nada. 10. No creo que lo hayan podido coger.

2 1. ¡Ojalá haya salido bien! 2. ¡Ojalá lo haya capturado! 3. ¡Ojalá lo hayan cumplido! 4. ¡Ojalá haya llegado! 5. ¡Ojalá haya ganado! 6. ¡Ojalá les haya gustado! 7. ¡Ojalá lo hayan pasado bien! 8. ¡Ojalá la haya dicho! 9. ¡Ojalá se hayan divertido! 10. ¡Ojalá la haya superado!

3 1. Le agradezco que me haya ayudado. 2. Me alegro de que lo hayan descubierto. 3. Lamento que no hayamos podido asistir. 4. Sentimos que ella haya estado en la cama. 5. Me extraña que el tren no haya llegado todavía. 6. Me temo que ella se haya molestado. 7. No te perdonamos que no hayas venido a visitarnos. 8. Lamento que la policía no haya encontrado aún las joyas. 9. Tengo miedo de que el niño se haya perdido. 10. No creo que su novela haya sido premiada.

4 1. Quizá vayamos. 2. Es posible que llueva. 3. Es probable que ya esté en casa. 4. Tal vez mañana haga buen tiempo. 5. Es muy importante que me contestes pronto. 6. Es imprescindible que venga el médico. 7. No es necesario que me dé más explicaciones. 8. Es conveniente que sepáis toda la verdad. 9. Es interesante que vean esta obra de teatro. 10. Es probable que la policía encuentre pronto al ladrón.

5 1. Cuando hayáis terminado el trabajo, venid a verme. 2. Hasta que no apruebes el examen, no iremos de vacaciones. 3. Mientras no venga Pepe, no podremos comenzar el trabajo. 4. Cuando me toque la lotería, ... 5. Tan pronto como puedas, ... 6. Aunque llame alguien, ... 7. Tan pronto como me entere de algo más, ... 8. Hasta que no te portes bien, ... 9. Antes de que vengas, ... 10. Cuando esté, me avisas.

6 1. Cuando llegó a Madrid, ... 2. Cuando vengas a Madrid, ... 3. Mientras ella hace la comida, ... 4. ... mientras siga lloviendo. 5. Aunque es/sea millonario, ... 6. Aunque insistáis, ... 7. Después de que aprobó su examen, ... 8. Hasta que no te comas todo, ... 9. ... corre mucho. 10. Antes de que se entere Luis, llévatelo.

7 1. ... muy aficionado a la música. 2. ...muy preocupado por la salud del enfermo. 3. ... muy malo para la salud. 4. ... están libres de impuestos. 5. ... muy rica en carbón. 6. ... fiel a sus ideas. 7. ... agradecido por su ayuda. 8. ... acostumbrados a este clima. 9. Estoy seguro de que la sala ya está llena de público. 10. La Mancha es famosa por su buen queso y por sus vinos.

8 1. Este plan es imposible de realizar. 2. Él está enfermo de los nervios. 3. Este párrafo está lleno de faltas. 4. Estoy/estás/está harto de tanta hipocresía. 5. Esta región es muy pobre... 6. María está triste... 7. Esta construcción es muy semejante ... 8. ... es muy fácil de solucionar. 9. Ellos están muy contentos ... 10. El pescado azul es muy bueno para la salud.

9 1. Esta entrevista es muy importante para mí. 2. Ella es muy simpática. Siempre está de buen humor. 3. La obra es bastante divertida y los actores son muy buenos. 4. Los niños están aburridos; ... 5. Mi casa está muy cerca de aquí. No es necesario... 6. Este clima es muy malo para los asmáticos. 7. ¿Por qué está usted de mal humor? El problema ya está solucionado. 8. Su trabajo es muy bueno y además está muy bien escrito. 9. Él está tan grave que es necesario... 10. Estos tomates no están aún maduros y además son/están muy caros.

Ejercicio de acentuación

La brisa continuaba agitando las cortinas y el sol no acababa de brillar: sería una lástima, una verdadera lástima que el día se echara a perder. En septiembre nunca se sabe. Miró hacia la cama matrimonial. Lilia seguía durmiendo, con esa postura espontánea, libre: la cabeza apoyada en el hombro y el brazo extendido sobre la almohada, la espalda al aire y una rodilla doblada, fuera de la sábana. Se acercó al cuerpo joven, sobre el cual esa luz primera jugaba grácilmente, iluminando el vello dorado de los brazos y los rincones húmedos de los párpados, los labios, la axila pajiza.

LECCIÓN 4

1 1. Nos pidió que le escribiéramos pronto. 2. Me aconsejó que tuviera paciencia. 3. ...que hiciera varias llamadas. 4. ... ustedes no vinieran a nuestra fiesta. 5. ... Pedro no pudiera llegar a tiempo. 6. ...que el problema fuera tan complicado. 7. ... que leyerais este libro. 8. ... que le subiera el sueldo. 9. Ella me dijo que fuera a ver la exposición ... 10. No creí que él tuviera tanto dinero.

2 1. Celebré que tuvieras/tuvieses éxito. 2. Sentí que María estuviera/estuviese enferma. 3. Mi hermano me aconsejó que leyera/leyese el libro 4. Temí que estuviera/estuviese enfermo. 5. El jefe me ordenó que viniera/viniese con puntualidad. 6. Fue justo que le dieran/diesen el premio. 7. Inés me dijo que te preguntara/preguntase por el libro. 8. Lamenté que no se quedara/quedase más tiempo. 9. Mi madre se alegró de que volviera/volviese pronto a casa. 10. María me pidió que la ayudara/ayudase.

Ilustraciones *Pretérito imperfecto de subjuntivo*

¡Ojalá estuviéramos/estuviésemos en Santander!
¡Ojalá jugara/jugase pronto al fútbol!
¡Ojalá fuera/fuese de excursión!

3 1. ¡Ojalá tuviéramos/tuviésemos tiempo! 2. ¡Ojalá supiera/supiese algo! 3. ¡Ojalá hiciera/hiciese buen tiempo! 4. ¡Ojalá se estuvieran/estuviesen quietos! 5. ¡Ojalá nos tocara/tocase! 6. ¡Ojalá la dijeran/dijesen! 7. ¡Ojalá pudiéramos/pudiésemos ir! 8. ¡Ojalá pensara/pensase en los demás! 9. ¡Ojalá quisiera/quisiese! 10. ¡Ojalá fuera/fuese fácil!

4 1. Yo, en su lugar, trabajaría menos. 2. Nosotros, en vuestro lugar, hablaríamos con él. 3. Yo, en su lugar, querría saber la verdad. 4. Yo, en tu lugar, no tendría miedo. 5. Yo, en su lugar, fumaría menos/no fumaría tanto. 6. Nosotros, en su lugar, no seríamos tan optimistas. 7. Yo, en tu lugar, le pediría consejo. 8. Nosotros, en vuestro lugar, nos iríamos. 9. Nosotros, en su lugar, estaríamos de acuerdo con él. 10. Yo, en tu lugar, lo diría.

5 1. ¡Sería usted tan amable …? 2. ¿Podría usted esperar un momento? 3. ¿Cuándo me daría usted…? 4. ¿Le podría hacer una pregunta? 5. ¿Me dejarías tu bicicleta? 6. ¿Me podrías decir qué hora es? 7. ¿Me permitiría llamar por teléfono? 8. ¿Podría hablar un momento con usted? 9. ¿Me harías el favor de echarme esta carta? 10. ¿Podríais explicarnos el problema?

6 1. Si tuviera dinero, compraría este coche. 2. Si tuviera tabaco, fumaría. 3. Si tuviera equipo, jugaría. 4. Si tuviera coche, viajaría. 5. Si tuviera entrada, iría al teatro. 6. Si tuviera su teléfono, le llamaría. 7. Si tuviera interés, aprendería. 8. Si tuviera apetito, comería. 9. Si tuviera tiempo, iría al cine. 10. Si tuviera pasaporte, saldría al extranjero.

7 1. Si no tuviéramos mañana un examen, iríamos al cine. 2. Si supiéramos su número de teléfono, le llamaríamos. 3. Si estudiaras lo suficiente, aprobarías los exámenes. 4. Si respetara las señales de tráfico, no le pondrían tantas multas. 5. Si tuviera más de una semana de vacaciones, iría este verano a España. 6. Si no fuera tan/si fuera menos egoísta, tendría amigos. 7. Si no nos estuvieran esperando, nos quedaríamos más tiempo. 8. Si hiciera deporte, no estaría tan gorda/estaría más delgada. 9. Si muchas empresas respetaran las medidas anticontaminantes, se arreglaría el problema de la contaminación. 10. Si no fumaras tanto/si fumaras menos, no estarías siempre cansado.

8 Perdón, señor, estamos haciendo… ¿Sería usted tan amable…? ¿qué medidas tendría que tomar el gobierno…?

Si yo fuera/fuese gobernante, lo primero que haría, sería suprimir el tráfico… Por supuesto, mejoraría el servicio público para que la gente no tuviera/tuviese que hacer cola…

¿Estaría de acuerdo con dejar su coche en casa…?

Siempre que los autobuses fueran/fuesen rápidos… se ahorraría mucha gasolina y no habría tanta contaminación.

¿ … también habría que concienciar a la gente?

Si todos fuéramos/fuésemos más responsables y respetáramos/respetásemos más nuestro entorno, no estaría todo tan sucio. …muchas personas no utilizan las papeleras y arrojan todo al suelo.

Yo les pondría una buena multa… a todas las fábricas que contaminaran/contaminasen las aguas y el suelo. Así no volverían a cometer… En este sentido sería inflexible.

9 1. Yo también estoy de acuerdo contigo; es decir, soy de tu misma opinión. 2. Luis es un chico muy listo… ; no está tranquilo ni un momento. 3. Estos zapatos me están muy anchos y además son muy caros. 4. Él es muy amable con todo el mundo y siempre está dispuesto a ayudar. 5. Aunque mi padre no es viejo, de tanto trabajar está muy avejentado. 6. Ya estamos/están cansados de esperar, pues son más de… 7. Desde que se fue al extranjero, Pepe está completamente cambiado. 8. La corrida de esta tarde ha sido muy buena; … porque no soy aficionado. 9. Este reloj es un regalo de mi abuela. No me lo pongo porque está estropeado. 10. No es necesario que calientes la sopa. Está aún templada.

Ejercicio de puntuación

El señor Carmichael levantó la cabeza. Se desajustó la sábana del cuello para darle curso a la circulación. «Por eso he preferido siempre que me corte el pelo mi mujer», protestó. «No me cobra nada y, por añadidura, no me habla de política». El barbero le empujó la cabeza adelante y siguió trabajando en silencio. A veces repicaba al aire las tijeras para descargar un exceso de virtuosismo. El señor Carmichael oyó gritos en la calle.

LECCIÓN 5

1 1. ¡Ojalá hubiera vendido alguno! 2. ¡Ojalá hubiera seguido sus consejos! 3. ¡Ojalá hubieras dicho la verdad! 4. ¡Ojalá lo hubiéramos conseguido! 5. ¡Ojalá no se hubiera puesto enferma! 6. ¡Ojalá lo hubiéramos visto! 7. ¡Ojalá la hubiera conseguido! 8. ¡Ojalá nos hubiera hecho buen tiempo! 9. ¡Ojalá me hubiera tocado! 10. ¡Ojalá hubierais llegado pronto!

2 1. Yo, en tu lugar, la habría/hubiera reservado. 2. Nosotros, en su lugar, habríamos/hubiéramos hablado con él. 3. Yo me habría/hubiera comportado bien con él. 4. Nosotros no nos habríamos/hubiéramos quedado. 5. Yo no habría/hubiera conducido tan deprisa. 6. Él no se habría/hubiera puesto tan nervioso. 7. Yo no me habría/hubiera enfadado con ella. 8. Nosotros no nos habríamos/hubiéramos acostado tan tarde. 9. Yo no me habría/hubiera ido de excursión. 10. Yo no lo habría/hubiera aparcado en sitio prohibido.

3 1. ¿La habríais rechazado vosotros? 2. ¿Lo habría podido hacer usted? 3. ¿Le habríais ayudado vosotros? 4. ¿Te habrías puesto muy nervioso/a tú? 5. ¿Habrían hecho algo ustedes? 6. ¿Los habrías dejado solos tú? 7. ¿Lo habría resuelto usted? 8. ¿Os habríais atrevido vosotros? 9. ¿Le habrías tenido miedo tú? 10. ¿La habrían sabido ustedes?

4 1. Si hace frío, me pongo/pondré el abrigo. Si hiciera/hiciese frío, me pondría el abrigo. 2. Si hay nieve, voy/iré a esquiar. Si hubiera/hubiese nieve, iría a esquiar. 3. Si voy a París, visito/visitaré a Carlos. Si fuera/fuese a París, visitaría a Carlos. 4. Si llueve, no voy/iré a pasear. Si lloviera/lloviese, no iría a pasear. 5. Si tengo tiempo, visito/visitaré a mis amigos. Si tuviera/tuviese tiempo, visitaría a mis amigos. 6. Si hago deporte, adelgazo/adelgazaré. Si hiciera/hiciese deporte, adelgazaría. 7. Si toca la lotería, nos compramos/compraremos una casa. Si tocara/tocase la lotería, nos compraríamos una casa. 8. Si hace calor, nos sentamos/sentaremos en el jardín. Si hiciera/hiciese calor, nos sentaríamos en el jardín. 9. Si vienes a Madrid, te enseño/enseñaré la ciudad. Si vinieras/vinieses a Madrid, te enseñaría la ciudad. 10. Si apruebo el examen, voy/iré al extranjero. Si aprobara/aprobase el examen, iría al extranjero.

Ilustraciones *El condicional*

Yo, en su lugar, habría bebido menos.

Yo, en tu lugar, me habría acostado antes.

Yo, en su lugar, no me lo habría cortado.

Nosotros, en su lugar, no nos habríamos bañado lloviendo.

Yo, en vuestro lugar, no habría cruzado la calle con el semáforo rojo.

Yo, en su lugar, la habría aceptado.

Ella, en su lugar, la habría abierto.

Yo, en su lugar, también me habría enfadado mucho con ella.

Nosotros, en su lugar, también habríamos llamado a la policía.

Ilustraciones *La frase condicional*

Si no hubiera estado enfermo, habría hecho la excursión.

Si hubiéramos tenido dinero, habríamos comprado la casa.

Si hubiera estudiado, no habría suspendido/habría aprobado el examen.

Si hubiera tomado bien la curva, usted no habría derrapado.

Si hubiera habido entradas, habríamos ido al concierto.

Si hubierais sido puntuales, no habríais perdido/habríais cogido el tren.

Si no hubiera estado tan borracho, no habría chocado contra el árbol.

Si no hubiera robado varios coches, ahora no estaría en la cárcel.

Si no hubiera tenido un accidente, mi hermano no estaría en el hospital.

Si hubiera llegado a tiempo, el médico habría podido salvar al enfermo.

5 1. Si hubiera visto a Carmen, habría podido decírselo. 2. Si hubiéramos tenido tiempo, habríamos podido visitaros. 3. Si no hubiera llovido tanto, habría ido a pasear. 4. Si hubiera estudiado, habría aprobado el examen. 5. Si me hubieran arreglado el coche, no habría tenido que coger el autobús. 6. Si hubiera traído la cámara, habría sacado fotografías. 7. Si no hubieran llegado tarde, no habrían perdido el avión. 8. Si hubiera ido a Madrid, habría visto a Consuelo. 9. Si no hubiera perdido su número de teléfono, le habría podido llamar. 10. Si no hubiera conducido tan deprisa, no habría tenido un accidente.

6 1. Si no hubiera estado lloviendo toda la tarde, habríamos/hubiéramos salido de casa. 2. Si hubiera bebido y fumado menos, no habría/hubiera caído enfermo. 3. Si hubieras regado las flores, no se te habrían/hubieran secado. 4. Si no se hubiera acostado tarde, habría/hubiera llegado puntual al trabajo. 5. Si no hubiera hecho tanto frío, no se habría/hubiera estropeado la cosecha. 6. Si usted no se hubiera ido, le habríamos/hubiéramos podido dar el recado. 7. Si hubiera cerrado bien la puerta, no le habrían/hubieran robado. 8. Si no hubieras aparcado en sitio prohibido, no te habrían/hubieran puesto la multa. 9. Si no hubiera faltado continuamente al trabajo, no le habrían/hubieran despedido. 10. Si me hubieras hecho caso y te hubieras puesto el abrigo, ahora no estarías resfriado.

7 1. Si no te portas bien, no te llevo al circo. 2. Si llueve, no saldremos. 3. Si yo lo hubiera/hubiese sabido, no habría venido. 4. Si le ves, dile que le estoy esperando. 5. Si usted no fumara/fumase tanto, se sentiría mucho mejor. 6. Si nos hubierais/hubieseis llamado, os habríamos ayudado. 7. Si él fuera/fuese un poco más simpático, tendría más éxito en la vida. 8. Si ella condujera/condujese con más prudencia, no habría tenido ningún accidente. 9. Si usted no comprende algo, pregúntemelo. 10. Si no hiciera/hiciese tan mal tiempo, iríamos a la playa.

8 1. Quisiera que usted me acompañara(se). 2. Desearía que mis padres me regalaran(sen) un reloj. 3. Nos gustaría que todo saliera(se) bien. 4. Preferiría que nos citára(se)mos a las seis. 5. Querría que no lloviera(se) tanto. 6. Nos gustaría que ustedes nos visitaran(sen). 7. Desearía que todo terminara(se) bien. 8. Preferiríamos que el examen fuera(se) más tarde. 9. Me gustaría que ganara(se) nuestro equipo. 10. Desearíamos que él estuviera(se) ahora aquí.

Ejercicio de acentuación

Al entrar en el oratorio, mi corazón palpitó. Allí estaba María Rosario, y cercano a ella tuve la suerte de oír misa. Recibida la bendición, me adelanté a saludarla. Ella me respondió temblando. También mi corazón temblaba, pero los ojos de María Rosario no podían verlo. Yo hubiérale rogado que pusiese su mano sobre mi pecho, pero temí que desoyese mi ruego.

LECCIÓN 6

1 1. Dice que saldrá de viaje mañana. 2. Han dicho que han alquilado un apartamento junto al mar. 3. Dice que aquí en España hace mucho calor en verano y que se baña todos los días. 4. Han dicho que no estaban en casa cuando les robaron. 5. Ha dicho que cuando fue a verle, él ya se había ido. 6. Dice que esta semana ha llovido mucho. 7. Dicen que si mañana hace buen tiempo, irán de excursión. 8. Dice que hemos sido muy amables con él. 9. Ha(n) dicho que no debo fumar tanto. 10. Ha dicho que soy para él su mejor amigo.

2 1. Me pregunta(n) que dónde está la parada del autobús. 2. Pregunta(n) que si ha llegado ya el tren. 3. Nos pregunta(n) que a qué hora saldremos mañana de excursión. 4. Me pregunta(n) que si he comprendido todo. 5. Pregunta(n) que si estamos contentos con nuestro profesor. 6. Pregunta(n) que cuánto cuesta un billete para Barcelona. 7. Pregunta que si le ha llamado alguien por teléfono. 8. Pregunta(n) que cuál es el camino más corto. 9. Nos pregunta(n) que si hemos oído las noticias. 10. Pregunta(n) que de quién es este abrigo azul.

3 1. Dijeron que se casarían el año que viene. 2. Dijo que ayer había ido a ver a sus abuelos. 3. Decía que cuando era joven, hacía mucho deporte. 4. Dijo que había mucha gente en la cola. 5. Dijo que no había podido llamarnos por teléfono. 6. Dijeron que se irían de viaje la semana próxima. 7. Decía que no sabía nada del asunto. 8. Dijo que ya se lo había imaginado. 9. Dijeron que habían visto una película muy interesante. 10. Decía que nos escribiría pronto.

4 1. Me preguntó que hasta qué hora estaban abiertas las tiendas. 2. Me preguntó que a qué hora había terminado la conferencia. 3. Me preguntó que si le podía ayudar. 4. Me preguntó que a qué hora estaría hoy en casa. 5. Me preguntó que si había comprendido todo. 6. Me preguntó que cómo me había enterado de la noticia. 7. Me preguntó que si era feliz. 8. Me pregunto que cuántos hermanos éramos. 9. Me preguntó que si había estado alguna vez en Japón. 10. Me preguntó que dónde podría encontrar un taxi libre.

5 Hans le escribe/dice a Pepe en la carta que desde hace un mes quería escribirle, pero que hasta ahora no ha tenido tiempo para hacerlo. Dice que el motivo de su carta es que su mujer y él han pensado pasar las vacaciones de verano en algún pueblecito de la Costa del Sol y que les gustaría alquilar un pequeño apartamento junto al mar, por eso le quiere pedir el favor de que les busque, para el mes de agosto, un apartamento con derecho a cocina. Dice que estarían dispuestos a pagar hasta unos noventa euros diarios. Espera que esta gestión no le robe mucho tiempo y que le conteste tan pronto como haya solucionado el asunto. Se despide diciendo que le agradece de antemano su colaboración y que desea que se puedan ver pronto. También le manda muchos recuerdos de su mujer y para él un fuerte abrazo.

Ilustraciones *Estilo directo/indirecto*

La madre les dice a los niños que coman mucha fruta.
Él me pidió que le prestara(se) dinero.
Ellos me dijeron que les acompañara(se) a su casa.
Él me pidió que le trajera(se) una taza de café.
Él me ha dicho que echara(se) esta carta en Correos.
Mamá dice que apaguemos la luz.
Él nos aconsejó que preguntára(se)mos a aquel guardia.
El médico me ha dicho que fume sólo diez cigarrillos al día.
Mi madre nos prohibía que saliéra(se)mos de noche.

6 1. Él nos dice que tengamos paciencia. 2. Ella me dijo que la despertara(se) a las cinco. 3. Ella me ha dicho que me compre los zapatos. 4. La madre le dice al niño que se ponga el abrigo. 5. El profesor nos decía que aprendiéra(se)mos las palabras. 6. Mi padre me dice que riegue las flores. 7. El policía me dijo que no aparcara(se) aquí. 8. El profesor me ha dicho que sea más aplicado. 9. Él nos había dicho que cerrára(se)mos bien la puerta. 10. El médico me ha dicho que deje de fumar.

7 1. El accidente ocurrió por/a causa de/debido al mal estado de la carretera. 2. A pesar del intenso tráfico, pudimos llegar a tiempo. 3. Conduzca con cuidado. 4. En vez de/en lugar de/además de un coche, se compró una bicicleta. 5. Según mis noticias, ya ha encontrado trabajo. 6. En vez de/en lugar de/además de una carta, le han mandado un telegrama. 7. Él está en la cama con mucha fiebre. 8. Sin gafas no puedo ver de lejos. 9. A pesar de estar enfermo, ha ido a trabajar. 10. A causa del/debido al fuerte viento, se ha caído la antena.

Ilustraciones *Estilo directo/indirecto*

Que allí hace ahora/hacía entonces mucho frío.
Que hoy se quedarán/quedarían en casa.
Que si he/había leído ya el periódico.
Que cuando llegaron a París, llovía.
Que si mañana hace buen tiempo, iremos a la playa.

Que cuántos años tengo/tenía.
Que si tenemos algo que declarar.
Que ella ya se había acostado cuando Antonio llegó a casa.
Quiere saber cuánto cuesta una entrada.

8 1. Espere un momento, que pronto estaré/estoy con usted. 2. La segunda parte del partido ha sido/fue muy aburrida, porque los jugadores ya estaban bastante cansados. 3. Mi hermana está/estaba/estuvo/había estado de enfermera en una clínica privada. 4. ¿Por qué estás tan triste? 5. Oye, no grites tanto, que no estoy/soy sordo. 6. Es/era sordomudo de nacimiento. 7. El hijo de los vecinos es/era muy travieso. Siempre está/estaba haciendo alguna trastada. 8. Los mejores atletas suelen ser negros. 9. Los alumnos están/estaban/estuvieron/han estado/habían estado muy atentos en clase. 10. María es/era/fue/ha sido/había sido una persona muy atenta.

Ejercicio de puntuación

El obispo camina lentamente con su capa morada y su bastón hacia la capilla del maestre. Don Juan viene alguna mañana a verle. En la capilla del maestre, el obispo dice misa todos los días, a tientas, ayudado por sus familiares. ¿Hemos dicho que él hubiera querido ver tan sólo un pedazo de muro blanco y azul? Tal vez ni esta inocente concupiscencia tiene, como Segur, el otro obispo ciego. El obispo de la pequeña ciudad exclama: «¡Qué me importa, después de todo, ver o no ver la luz exterior... !»

Ejercicio de acentuación

A pesar de que yo era un niño, recuerdo bastante bien a mi padre. Era un tipo indiferente y algo burlón; tenía la cara expresiva, los ojos grises, la nariz aguileña, la barba recortada; por mis informes debía ser un tipo parecido a mí, con el mismo fondo de pereza y de tedio marineros; ahora, que no era triste; por el contrario, tenía una fuerte tendencia a la sátira. Sentía una gran estimación por las gentes del Norte, noruegos y dinamarqueses, con quienes había convivido; hablaba bien el inglés, era muy liberal y se reía de las mujeres.

LECCIÓN 7

1 1. Las cuevas de Altamira fueron descubiertas por Marcelino Sanz de Sautuola. 2. El campeón era vitoreado por la multitud. 3. Una medicina contra el cáncer ha sido descubierta por los investigadores. 4. El paciente había sido operado por el médico. 5. El grave problema energético será solucionado por los ministros. 6. Los reyes eran aclamados por su pueblo. 7. La ley fue aprobada mayoritariamente por los diputados. 8. El curso ha sido inaugurado por el Rector. 9. Diez representantes fueron elegidos por los trabajadores. 10. La ciudad fue destruida por las bombas.

2 1. (En esta tienda) se venden libros importados. 2. Se tomarán medidas sanitarias (por los médicos). 3. (En el colegio) se necesitan dos profesores. 4. Se ha acordado la paz (por los gobiernos). 5. Se invertían grandes cantidades de dinero. 6. Se han vendido todas las entradas (por la taquillera). 7. Se compró maquinaria nueva (por los empresarios). 8. Se habían agotado todas las provisiones. 9. Se han concedido dos becas de investigación (por el Ministerio). 10. Se venden coches de segunda mano.

3 1. Se construye la autopista con capital extranjero. 2. Se embalan cuidadosamente las botellas. 3. Se han vendido todas las entradas con antelación. 4. Por toda la sala se instalaron micrófonos. 5. Se conservarán todas las grabaciones en el archivo. 6. Se han revisado los contratos. 7. Se aprobó el decreto. 8. Se interrumpían continuamente las comunicaciones. 9. Se han promulgado ya estas leyes. 10. Se criticaron varias escenas.

4 1. La ciudad estuvo sitiada por los enemigos durante dos meses. 2. La chimenea estaba encendida todas las noches. 3. El gobierno estará representado por el ministro. 4. La fiesta estuvo muy bien organizada por ellos. 5. Todo está resuelto por él. 6. El presidente ha estado informado sobre la situación por el secretario. 7. El sospechoso estuvo dos horas retenido por la policía. 8. Mi padre estuvo detenido en la guerra. 9. El tráfico ha estado cortado por la policía. 10. El trabajo estará terminado la semana próxima.

Ilustraciones *La voz pasiva*

América fue descubierta por Colón.
Un cohete ha sido lanzado a la luna por los rusos.
El primer ministro será recibido por mucha gente.
La casa fue decorada por un decorador francés.
Los representantes son elegidos por los trabajadores.
Las mercancías eran descargadas por las grúas.
La guerra había sido decretada por los enemigos.
La sesión fue suspendida por el presidente.
Él ha sido condenado a un año de prisión por el juez.

5 1. Se alquilan pisos junto al mar. 2. Antes se vivía mejor que ahora. 3. En el futuro se mandarán nuevos satélites al espacio. 4. Se comenta que pronto habrá una nueva crisis de gobierno. 5. Este año se venden/han vendido/venderán menos coches que el año pasado. 6. Se dice/ha dicho que pronto serán liberados los rehenes. 7. Aquí nieva/nevaba/nevó mucho en invierno. 8. Se prohíbe fumar aquí. 9. A partir de las 9 de la noche no se permiten visitas. 10. Hoy hay/habrá/había/ha habido sopa de mariscos y pollo asado.

6 1. Los alumnos van llegando poco a poco. 2. Ellos continúan hablando aún. 3. Los anticuarios andan comprando en todas partes. 4. Él terminó enfadándose. 5. Hemos estado jugando al tenis. 6. Él empezó trabajando de botones en un hotel. 7. Llevo viviendo tres años en Santander. 8. El público seguía aplaudiendo. 9. Los médicos empiezan a auscultar al enfermo. 10. Ellos acaban siempre peleándose.

7 1. Cumpliendo con tu obligación, nadie te podrá echar del trabajo. 2. ¿Podéis estudiar viendo la televisión? 3. Ayudándole todos, saldrá adelante. 4. Siendo Madrid la capital de España, mucha gente viene a buscar trabajo aquí. 5. Nos gusta charlar paseando por el parque. 6. Pagando al contado, le haremos un descuento. 7. Levantándote tan temprano, es lógico que a estas horas estés cansado. 8. Llevándome a casa, me harás un gran favor. 9. Paseando por las calles, miran los escaparates. 10. Trabajando todos juntos, conseguiremos algo positivo.

8 1. Se veían dos lucecitas en la lejanía. 2. ¿Dónde está mi maquinilla de afeitar? 3. Mi abuelita nos cuenta muchos cuentos. 4. Luisito juega con la pelotita. 5. Ya va haciendo fresquito/fresquillo. 6. Déme el cuadernito/cuadernillo. 7. Hay muchos pececitos/pececillos en el estanque. 8. Allí pondremos dos silloncitos. 9. Tus gafas están en la mesilla de noche. 10. Detrás de la casa hay una puertecita que conduce al sótano.

9 1. Él se ducha con agua fría. 2. Antonio es un buen estudiante. 3. La carta es muy larga. 4. Ésta es una pregunta muy fácil. 5. Este trabajo es el peor de todos. 6. El asunto es muy sencillo. 7. Hoy estamos muy alegres. 8. Hemos visto una película muy divertida. 9. Juan es muy diligente. 10. El Ayuntamiento está en un edificio antiguo.

10 1. Cuando acababan las clases, se iban al bar. 2. Estuve en la biblioteca de la facultad. 3. Los niños iban todos los días a saludar al abuelo. 4. Es un experto en contabilidad 5. Atribuían los acuerdos al jefe de gobierno. 6. Hablaban todos al mismo tiempo. 7. Los alumnos le hacían burla en clase. 8. El vehículo adquirió una gran movilidad. 9. La bandera es bicolor. 10. La brújula ayuda a los montañeros.

LECCIÓN 8

1 1. Nos iremos, ya que/puesto que es hora de cenar. 2. Pagamos más porque/pues/puesto que/ya que ha subido la vida. 3. Llora porque le han castigado. 4. El avión no pudo aterrizar por/a causa de/debido a la niebla. 5. Está en la cárcel por infringir la ley. 6. Por/a causa de/debido a/por culpa de tus exámenes no iremos de vacaciones. 7. Como/ya que/puesto que siempre gana, apostaremos por él. 8. No entiendo la letra porque/pues/puesto que/ya que escribe muy mal. 9. Se quedó dormido porque/pues/puesto que/ya que tenía mucho sueño. 10. No podía correr por/a causa de/debido a/por culpa de su cojera.

2 1. Se suspendió el partido de rugby porque nevaba. 2. Estuvieron en el circo porque les habían invitado. 3. Engordó por comer demasiado. 4. Adelgazaste por hacer régimen. 5. Como/ya que sales pronto, ven a recogerme. 6. Lo suspendieron porque/pues/puesto que/ya que no respondió. 7. Abre la puerta pues/puesto que/ya que tienes la llave. 8. Estuvo en prisión porque/pues/puesto que/ya que estafó a sus amigos. 9. Como/ya que es tarde, vendrán a buscarnos. 10. Id de viaje, porque lo pasaréis bien.

3 1. Ella pasó por delante/detrás de mí y no la vi. 2. En vez de estudiar para el examen, se fueron a bailar. 3. En vez de/en lugar de su hermano, ha venido su hermana. 4. Nosotros hemos votado a favor/en contra del proyecto. 5. El Himalaya está por encima del Montblanc. 6. Vuestro equipo está por encima/debajo del nuestro en la clasificación general. 7. Los pasajeros con destino a Barcelona tienen que presentarse... 8. Lo conseguimos a costa/a fuerza de mucho trabajo. 9. Ella siempre trabajó en favor de/para los pobres. 10. En medio de la plaza hay una fuente muy bonita del siglo xv.

4 1. Dio tal grito que retumbó la casa. 2. Tiene tantos juguetes que no juega con ninguno. 3. Tanto come, que reventará algún día. 4. Vivo tan cerca, que voy andando al trabajo. 5. Dijo tales disparates, que nos asombró. 6. Canté tanto, que me quedé afónico. 7. Tiene tantos problemas, que necesita nuestra ayuda. 8. Escribe tan alegremente, que no tiene en cuenta la ortografía. 9. Aduje tales razones, que nadie le contradijo. 10. Anduve tanto, que me sentí cansado.

5 1. En Santander hace más calor de día que de noche. 2. Todos los días te acuestas a las 12 de la noche. 3. A la mañana temprano estudio mejor. 4. Llegó de viaje a medianoche. 5. De noche todos los gatos son pardos. 6. De madrugada solía despertarse. 7. Estamos a 5 de febrero. 8. Mi abuelo murió el 5 de febrero de 1989. 9. En el turno de noche se trabaja más que en el de día. 10. ¿A cuántos estamos hoy?

6 1. En diciembre viajaremos a España. 2. Hoy por la tarde saldremos de paseo. 3. Le encontraron a medianoche. 4. ¿A qué hora os levantáis por la mañana? 5. Tras/después de los acuerdos, firmaron la paz. 6. En abril, aguas mil. 7. Ayer por la tarde, estuve en el circo. 8. En los próximos años vivirán mejor las personas. 9. Por la mañana, no puedo tomar café. 10. Tras/después de la entrevista, le contrataron para actuar en la obra.

7 1. Siempre que te portes bien, tendrás un premio. 2. Con tal que mi hijo haga los deberes, me doy por satisfecho. 3. Con tal de adelgazar, me pondré a régimen. 4. Como no sea que el abogado me llame el lunes, hasta ahora no tengo noticias del asunto. 5. A no ser que corras mucho, no le alcanzarás. 6. Con tal de progesar, es capaz de cualquier cosa. 7. Siempre que me necesites, llámame. 8. Con tal que apruebe, me doy por contento. 9. Como no sea que él nos ayude, no solucionaremos este problema. 10. La corrida se celebrará a las 5 de la tarde, a no ser que llueva a cántaros.

8 1. No creo que la carta aparezca/apareciera/haya aparecido en el despacho. 2. No era cosa de que tú se lo dijeras en aquel momento. 3. Le enfadó que yo no me acordara(se) de su santo. 4. Dudo que se atreva/atreviera a cantar. 5. Sea como sea, tienes que presentarte al examen. 6. Desconozco cuánta sangre puede/pueda haber perdido. 7. Llegue cuando llegue, nos dará una alegría. 8. Es mejor que tú te quedes en la estación y esperes. 9. Yo no podía creer que él escalara(se)/hubiera(se) escalado la montaña. 10. No pensaba que te fuera(se) a molestar mi pregunta.

9 1. Su padre trabaja de la mañana a la noche. 2. Estos jerseys están rebajados de 60 a 40 euros. 3. De entre todos los candidatos, el jefe de personal seleccionará al mejor. 4. Al congreso acudió gente hasta de Australia. 5. Dejaré el paseo para por la tarde. 6. El ladrón huyó por entre la multitud. 7. A pesar de la calefacción, hoy hace frío hasta en casa. 8. Él echa humo hasta por las orejas.

10 1. Antonio anduvo buscando a Elvira. 2. Pedro advirtió del peligro al vicepresidente. 3. El equipo contrario fue un excelente adversario. 4. El tema será el adverbio y sus diversas clases. 5. El boxeador estuvo en declive toda la pelea. 6. Por Navidad cantaron villancicos. 7. En Villanueva de los Infantes estuvo Quevedo. 8. Juan es muy activo. 9. Es evidente que sabe mucho inglés. 10. El traje es demasiado llamativo.

Ejercicio de puntuación

Cuando la guerra, había unos colegios de párvulos con el refugio al lado y nos bajaban a los niños al refugio —una bodega o una catacumba— en cuanto sonaban las sirenas; pero los niños no teníamos nunca sensación de peligro, pues la muerte es un concepto y los niños no estábamos para conceptos. Lo mejor del bombardeo, de las sirenas, de los aviones, de los refugios, … era que no había que estudiar ni dar la lección y que descubríamos de pronto, los niños, que la tabla de multiplicar no era una ceremonia ininterrumpible, sagrada, como una misa o una boda, sino que el vagido de una sirena hacía saltar esa tabla, y todos corríamos por encima de los pupitres.

LECCIÓN 9

1 1. Siempre/con tal que vayas a clase, aprenderás mucho. 2. Como pienses demasiado, te dolerá la cabeza. 3. Como se retrase el tren, perderemos el avión. 4. En el caso de que vayamos a este cine, veremos una buena película. 5. Con tal que estudiéis mucho, aprobaréis el curso. 6. En el supuesto de que hagáis el viaje en barco, os gustará. 7. Siempre que practiquéis el fútbol, os sentará bien. 8. En caso de que vengas con nosotros, te invitaremos a comer. 9. Como vayas al médico, te recetará antibióticos. 10. Siempre que usted tenga algún problema, llámeme por teléfono.

2 1. Si hubieses llegado pronto, te habríamos esperado. 2. Si ha ido con él, se aburrirá de todas, todas. 3. Si a usted no le molesta, me quedo/quedaré esperando. 4. Si no te gusta esta comida, puedes/podrías pedir otra. 5. Caso de que Pedro venga/viniera(se), avísame. 6. De tener dinero, compraría muchos libros. 7. Si sale el avión con puntualidad, llegará a su destino. 8. En el caso de que todo vaya/fuera(se) bien, aprobaré/aprobaría la oposición. 9. Si hubieras estado aquí, no habría ocurrido lo que pasó. 10. Si te hubieras abrigado, no habrías/hubieras cogido frío.

3 1. Estudiando, aprobarás/De haber estudiado, hubieras aprobado/Con estudio, habrías aprobado. 2. Andando despacio, llegaremos tarde/De haber andado despacio, hubiéramos llegado tarde. 3. Jugando a la lotería, nos tocará/De haber jugado a la lotería, nos hubiera tocado/Con la lotería, nos habría tocado. 4. Tomando el sol, nos pondremos morenos/De haber tomado el sol, nos hubiéramos puesto morenos/Con sol, nos habríamos puesto morenos. 5. Lloviendo, no iremos al campo/De haber llovido, no hubiéramos ido al campo/Con lluvia, no habríamos ido al campo. 6. Aprobando el curso, os regalaré una moto/De haber aprobado, os habría regalado una moto/Con el curso aprobado os hubiera regalado una moto. 7. Cantando, nos alegrarás mucho/De haber cantado, nos hubieras alegrado mucho/Con tu canto, nos habrías alegrado mucho. 8. Yendo a los toros, nos divertiremos/De haber ido a los toros, nos hubiéramos divertido/Con los toros, nos habríamos divertido. 9. Viajando en avión, iremos rápido/De haber viajado en avión, hubiéramos ido rápido/En avión, habríamos ido rápido. 10. Gritando, despertarás a los demás/De haber gritado, hubieras despertado a los demás/Con tus gritos, habrías despertado a los demás.

4 1. Si bebes mucho vino, te emborracharás/Si bebieras mucho vino, te emborracharías. 2. Si cierras la puerta, no habrá corriente/Si cerraras la puerta, no habría corriente. 3. Si enchufas la TV, verás las noticias/Si enchufaras la TV, verías las noticias. 4. Si hacemos camping, ahorraremos dinero/Si hiciéramos camping, ahorraríamos dinero. 5. Si compráis la prensa, estaréis bien informados/Si comprarais la prensa, estaríais bien informados. 6. Si asistimos a los conciertos, oiremos buena música/Si asistiéramos a los conciertos, oiríamos buena música. 7. Si escuchamos a los demás, nos equivocaremos menos/Si escucháramos a los demás, nos equivocaríamos menos. 8. Si fumas menos, estarás mejor físicamente/Si fumaras menos, estarías mejor físicamente. 9. Si te vas a Inglaterra, mejorarás tu inglés/Si te fueras a Inglaterra, mejorarías tu inglés. 10. Si ahorramos, podremos comprar el coche/Si ahorráramos, podríamos comprar el coche.

5 1. Si no hubiera estado enfermo, habría podido ir a la fiesta. 2. Si no hubiera hecho tan mal tiempo, habríamos ido de excursión. 3. Si no tuvieras miedo de/a tu jefe, querrías hablar con él. 4. Si hubierais querido escucharme, ahora no estaríais pagando las consecuencias. 5. Si hubiera habido nieve en la sierra, podríamos haber ido a esquiar. 6. Si no hubiera matado a su suegra, no estaría ahora en la cárcel. 7. Si no hubieras aparcado en un sitio prohibido, no te habrían puesto una multa. 8. Si no hubiera ido a tanta velocidad, el coche no se habría salido de la calzada. 9. Si vosotros hubierais leído la prensa, estaríais bien informados. 10. Si ella no se hubiera casado con un *viva la vida*, ahora no estaría arrepentida.

6 1. La UE quiere evitar una nueva devaluación del euro con respecto al dólar. 2. Ellos viven en la entreplanta... 3. Por desgracia hay en el mundo muchos analfabetos... 4. Muchas personas están de acuerdo con la eutanasia cuando la enfermedad es incurable. 5. El ex presidente del gobierno se ha negado... 6. Los ultraderechistas recurren... para imponer sus ideas. 7. En los extrarradios de las grandes ciudades... en condiciones infrahumanas. 8. Hay que anteponer la razón a los sentimientos. 9. Él es antidivorcista y preconciliar en sus creencias religiosas. 10. ... debes prever las consecuencias.

7 1. Sólo bebemos vino embotellado. 2. Las condiciones eran desfavorables para volar. 3. El epicentro del terremoto se localizó en México capital. 4. Quieren expropiar estos terrenos para hacer una autopista. 5. El índice de natalidad ha decrecido en los últimos años. 6. Ésta es una obra póstuma de García Lorca. 7. ¿Qué diámetro tiene la rueda de su bicicleta? 8. La carretera de circunvalación está cortada. 9. Sus antepasados fueron emigrantes. 10. El río Tajo circunda Toledo.

8 Respuesta libre.

9 1. Nuestro hijo se ha hecho/ha llegado a ser ingeniero y ahora... 2. Nosotros nos hemos puesto/pusimos muy contentos al oír la buena noticia. 3. En invierno se hace de noche enseguida. 4. Al enfermo le dieron un sedante y se quedó dormido al momento. 5. En el examen me puse muy nervioso...

6. ... Seguramente llegará a ser/se convertirá en/se hará una buena bailarina. 7. Él sólo piensa en sí mismo, se ha hecho/vuelto muy egoísta. 8. Después de salir de la cárcel, él se ha vuelto/se ha convertido en una persona honrada. 9. Si sigues comiendo tanto, te pondrás/llegarás a ser gordísima. 10. Desde que Carlos se ha hecho rico con las quinielas, se ha vuelto/se ha convertido en un vividor.

10 1. Conduce despacio/prudentemente, la carretera está muy resbaladiza. 2. He comido mucho/demasiado y ahora me duele el estómago. 3. Por favor, hable más alto/fuerte, pues no le oigo. 4. Él ha hecho muy mal el examen y por eso le han suspendido. 5. Ella toca la guitarra muy bien. 6. Usted trabaja mucho/demasiado. 7. El enfermo fue trasladado rápidamente/urgentemente/inmediatamente al hospital. 8. Nunca/jamás nos hemos divertido tanto como hoy. 9. Él nos saludó muy amablemente/cordialmente/atentamente y nos invitó... 10. ¿Qué significa realmente/exactamente/concretamente esta palabra?

11 1. El león protegió a los cachorros. 2. Las vacas mugieron en el establo. 3. La geopolítica se ha desarrollado espectacularmente. 4. Es un niño con ingenio. 5. Estudió en la Facultad de Ciencias Geológicas. 6. Es un escrito con abundancia de neologismos. 7. La joven era fotogénica. 8. La política a veces es demagógica. 9. Estuvimos en un local poco higiénico. 10. Estudiamos en el mismo colegio.

Ejercicio de acentuación

Don Orlando contó todo lo que sabía de su antiguo socio. Dio multitud de pequeños detalles; repitió muchas veces que nunca habían estado asociados, que algún pequeño negocio juntos sí que lo habían hecho, pero en total poca cosa. Luego —precisó— desapareció sin dejar rastro. Yo lo hacía —dijo— por América, porque algo de eso le oí una vez. Los policías se despidieron de don Orlando. Éste pasó a su despacho. La cabeza le daba vueltas. Destapó la máquina de escribir y redactó una carta que no firmó.

LECCIÓN 10

1 1. A pesar de que viaja bastante, no conoce París. 2. Aun cuando llora, no le ocurre nada. 3. Por más que bailen, no se cansarán. 4. Por muy bien que lo hagas, no obtendrás el premio. 5. Puesto que así lo quieres, vendrás conmigo. 6. No se tomará el jarabe así lo maten. 7. Aunque vayas a protestar, no te harán caso. 8. Si bien María protesta, siempre hace lo que quiere. 9. Estoy mucho mejor, aun cuando tengo fiebre. 10. Puesto que tú llegas en avión, iremos a esperarte.

2 1. Por mucho que lloréis, no os dejaremos salir. 2. Aunque ganes, no podrás devolverle el dinero. 3. Por más que comas, no engordarás. 4. Aunque quisiera(se), no podría casarme contigo. 5. Aun cuando volviera(se), no lograría asustarme. 6. Aunque fuera(se), no me recibiría en su apartamento. 7. Por mucho que gritara(se), nadie le oiría. 8. Aunque trabajen de noche, mañana no terminarán el proyecto. 9. Aunque Mercedes hubiera(se) venido, no habría llegado antes de las cinco. 10. Aunque hubiera(se) sabido nadar, se habría ahogado.

3 1. Aunque escribe bien, no consigue premios. 2. Aunque hace ejercicio, no consigue adelgazar. 3. Juan sube a pie, a pesar de que no respira bien. 4. Si bien ganó dinero, no supo gastarlo. 5. A pesar de que fuma demasiado, canta muy bien. 6. Aunque me gustan los toros, no voy a la plaza. 7. Aunque no lo quieres, vendrás conmigo. 8. Aunque he escuchado las noticias, no he comprendido nada. 9. Aunque hemos cortado mucha leña, no tenemos aún suficiente. 10. A pesar de que trabaja y estudia, aún le sobra tiempo.

4 1. Aunque/a pesar de que es de muy buena familia, es un maleducado. 2. Aunque/aun cuando/a pesar de que me molesta mucho el humo, te dejaré fumar. 3. Dame tiempo para decidirme, aunque sea un par de semanas. 4. Si bien/aunque/aun cuando este perro ladra mucho, es muy dócil. 5. Aunque/a pesar de que/aun cuando no me creas, yo no he tenido la culpa de todo esto. 6. Aunque fuera rico, seguiría trabajando como ahora. 7. ¡Haz gimnasia, aunque sea unos diez minutos al día! 8. Si bien/aunque/a pesar de que ya me encuentro mucho mejor, aún me duele la cabeza. 9. A pesar de que/aunque/aun cuando tuvimos dificultades, pudimos alcanzar la meta. 10. Aunque/a pesar de que hemos estado ahorrando todo el año, aún no tenemos dinero suficiente para comprarnos un coche.

5 1. Revelaré la película para que la veáis. 2. Apaga la luz con el fin de que no moleste. 3. El ladrón escapó para que la policía no le alcanzara(se). 4. Te lo digo para que lo sepas. 5. Vinieron a casa a fin de que nosotros les ayudára(se)mos. 6. Los técnicos trabajarán con objeto de que el oleoducto esté listo pronto. 7. El Estado construirá colegios para que todos los niños se escolaricen. 8. Carlos lo preparó todo a fin de que la fiesta fuera(se) un éxito. 9. Construyeron un nuevo estadio para que los aficionados pudieran(sen) ver mejor los encuentros. 10. Estoy preparado para que tú empieces a contarme el cuento.

6 1. Hoy en día están de moda los cafés-teatro. 2. Por favor, resérveme dos billetes en coche-cama para el tren Madrid-Málaga. 3. ¿Quién es aquel pelirrojo que está hablando con tu hermano? 4. Tiene que torcer en la primera bocacalle a la derecha. 5. ¿Dónde has puesto el sacacorchos? 6. Los domingos hago crucigramas como pasatiempo. 7. El accidente ocurrió por un fallo en el paracaídas. 8. Necesitamos un salvoconducto para atravesar la frontera. 9. Él resolvió el problema en un santiamén. 10. La cocina va provista de lavadora y de friegaplatos.

7 1. Es muy madrugador. 2. La carretera estaba muy resbaladiza. 3. Es muy deseable que el asunto se resuelva enseguida. 4. No sé que edad tendrá Luis, pero creo que ya es un cincuentón. 5. Este descubrimiento será muy importante para las generaciones venideras. 6. No hemos desayunado y estamos hambrientos. 7. La artesanía marroquí es de gran calidad. 8. La excursión a los Picos de Europa es muy apetecible. 9. Julia es una niña enfermiza. 10. Él es una persona muy competente en esta materia.

8 Familiar - Romano - Inglés - Peruano - Israelita - Malagueño - Rojizo - Naranjal - Luchador - Faldero - Cuarentón - Movedizo - Perteneciente - Imponente - Pasable/Pasajero - Dependiente - Boxeador - Amante/Amable.

Frases: Respuesta libre.

9 1. Es muy velludo. 2. Me siento muy satisfecho/a. 3. Es muy ambiciosa. 4. Es muy forzudo. 5. No es nada dolorosa. 6. Es muy mujeriego. 7. Son muy competitivos. 8. Es muy llorón. 9. Es una historia muy pasional/apasionante. 10. Son muy razonables.

10 1. Pescador. 2. Pescadera. 3. Constructor. 4. Telefonista. 5. Carnicero. 6. Recepcionista. 7. Taxista. 8. Zapatero. 9. Conferenciante. 10. Diseñador de joyas.

11 1. El granjero se quedó sin ganado. 2. El hereje predicaba la brujería. 3. Alójate en el hotel «Princesa». 4. ¿Dijo él la verdad? 5. Lo que dices es una herejía. 6. Ha flojeado en los estudios. 7. Puso el colgante en una cajita. 8. El autobús iba lleno de viajeros. 9. Llevaba a su hijito en brazos. 10. Deja el coche en el garaje.

LECCIÓN 11

1 1. Tú hablas español mejor/peor/igual que yo. 2. Ella se comportó como una niña pequeña. 3. Él hace como si no nos conociera. 4. España importa más/menos de lo que exporta. 5. La película es tan buena como nos la imaginábamos. 6. Cuanto más le atacaban, más se defendía. 7. Ellos gastan más/menos de lo que ganan. 8. La conferencia no fue tan interesante como yo esperaba. 9. Cuanto mayores nos hacemos, más cómodos nos volvemos. 10. Ella hizo todo como se lo habíamos dicho.

2 1. Compró tantos tomates como pudo. 2. Está la tarde fría como si fuera(se) invierno. 3. Mi casa es mejor que la tuya. 4. Antonio resiste en el agua menos que su hermano. 5. Los chinos son más numerosos que los argelinos. 6. El sol es mucho más grande (mayor) que la Tierra. 7. El lobo es más malo (peor) que el perro. 8. Los niños juegan más que los mayores.

9. Es tan vanidoso como un pavo real. 10. No se saludan como si no se conocieran.

3 1. Ella tiene muchas arrugas en la frente. 2. Muchos soldados murieron en el frente. 3. Este asunto no está en el orden del día. 4. Madrid es la capital de España. 5. Algunos trabajadores no cumplieron la orden del director. 6. Esta empresa tiene un capital de más de 500 millones. 7. Preguntamos al/a la policía de tráfico la dirección del hotel. 8. La cólera hizo que matara a su esposa. 9. La policía española ha obtenido un gran éxito. 10. El cólera es una enfermedad epidémica.

4 Tallo: parte de la planta; Talla: tamaño, estatura. Velo: tela fina para cubrir algo; Vela: pieza de lona en los palos de un barco. Suelo: piso, terreno; Suela: parte inferior del calzado. Libro: conjunto de hojas impresas y encuadernadas; Libra: signo del Zodíaco. Brazo: extremidad superior desde el hombro hasta la mano; Braza: modalidad de natación. Granado: lo más ilustre o noble; Granada: fruta refrescante. Ciruelo: árbol; Ciruela: fruto de ese árbol. Castaño: árbol; Castaña: fruto de ese árbol. Manzano: árbol; Manzana: fruta de ese árbol. Almendro: árbol; Almendra: fruta de ese árbol.
Frases: Respuesta libre.

5 1. Cuando terminó, todos le felicitaron. 2. Tan pronto como lleguen, empezará el festival. 3. Antes de que lo dijera(se), lo intuí. 4. Pasarán dos horas hasta que se arregle la situación. 5. Al hablar, yo siempre cometo/cometía muchas incorrecciones. 6. Siempre que escribe, da recuerdos para ti. 7. Hubo abundancia después de que subieran(sen)/hubieran(sen) subido los precios. 8. Me voy antes de que venga Antonio. 9. A medida que crece, pinta mejor. 10. Antes de comenzar, deseo informaros.

6 1. En cuanto/tan pronto como me levanto, caliento el agua para el té. 2. Al concluir los debates/en cuanto/tan pronto como concluyeron los debates, se procedió a la votación. 3. Mientras (que) sigas comiendo tantos dulces, no adelgazarás. 4. En cuanto/cuando llegué/nada más llegar al aeropuerto, me di cuenta de que no llevaba el pasaporte. 5. Os lo diré cuando/en cuanto/tan pronto como os calléis. 6. Cuando/en cuanto/tan pronto como se levantó de la cama, se duchó y se afeitó. 7. Llámame cuando/en cuanto/siempre que/tan pronto como me necesites. 8. Mientras (que)/al tiempo que leía, iba tomando notas. 9. Apenas/cuando/en cuanto/tan pronto como te enteres de algo, llámame por teléfono. 10. No me gusta fumar mientras/cuando conduzco.

7 1. Subí al coche como pude. 2. Encendí la vela según ordenaste/habías ordenado tú. 3. He ido a la finca por donde me indicaban/indicaron/habían indicado ellos. 4. Voy a renunciar según me aconseja/ha aconsejado/aconsejaba/aconsejó/había aconsejado ella. 5. Contesté como tú me dijiste/decías/habías dicho. 6. He montado el tocadiscos según indican/indicaban las instrucciones. 7. ¿Habéis estado donde ocurrió/había ocurrido el suceso? 8. Ocúltate en donde no te vea ella. 9. Prepara las alubias como las guisa/guisaba mi abuela. 10. Hice el examen como pude/podía.

8 1. Tus gafas están en la mesita/mesilla de noche. 2. Este sillón es muy cómodo. 3. Por favor, tráigame una cucharita/cucharilla para el café. 4. He desayunado un panecillo con mantequilla y mermelada. 5. ¡No seas tan comilón(a)! 6. Tiene que entregar el impreso en la ventanilla 3. 7. En el estanque hay muchos pececitos/pececillos de colores. 8. Los documentos están en el cajón de la izquierda. 9. ¿Has visto mi maquinilla de afeitar? 10. Los enfermeros pusieron al herido en la camilla.

9 Crucecita/crucero - niñito/niñato - relojito/relojazo - grandón/grandote/grandecito/grandullón - bomboncito/bombonazo - montañero/montañita - islita/isleta/isleño - corazoncito - maquinista/maquinilla/maquinita - mujeriego/mujercita/mujercilla/mujerzuela/mujerona - cristalero/cristalino/cristalito - balonazo/baloncito - cucarachita - moscardón/mosquito/moscón/mosquitero - plumilla/plumazo/plumífero - lapicero/lapicerito.

Frases: Respuesta libre.

10 1. ¡Ay! 2. ¡Huy! 3. ¡Eh! 4. ¡Hala! 5. ¡Ah! 6. ¡Bah! 7. ¡Huy! 8. ¡Ahí va! 9. ¡Uf! 10. ¡Vaya!

11 1. He hablado mucho esta mañana 2. He habitado durante mucho tiempo en una chabola. 3. El hidrógeno es importante para la combustión. 4. La tía murió de hemiplejía. 5. El huérfano murió de huelga de hambre. 6. Las construcciones hexagonales me han gustado siempre. 7. Los clásicos usaron como medida el hexámetro. 8. Los pueblos son aficionados a la hipérbole. 9. La policía encontró las huellas del ladrón. 10. Los niños juegan en la hierba.

Ejercicio de puntuación

Aunque la madre pensó que era un mal asunto, se puso histérica, gritó, tomó un gran tazón de tila y al día siguiente tenía jaqueca. La abuela y la nieta sintieron, cada una a su manera, que ahora sí que era ya del todo suyo. La vieja sabía que una pequeña indignidad vuelve al hombre más humilde de lo que, en rigor, le ha podido debilitar. Sabía, por antiguas experiencias, que nada hay que más se agradezca que el pequeño halago en la desgracia.

LECCIÓN 12

1 1. Juan, tú y Pedro, ¿a dónde queréis/queríais/querríais ir? 2. Tú y yo vamos/iremos a la fiesta, ¿no? 3. La máquina y la pluma escriben/escribían en negro. 4. Sus primos y primas son/eran/fueron antipáticos. 5. Pedro y Juan encontraron una pareja que les indicó el camino. 6. La mayoría de los asistentes votó/ha votado/votará en contra del proyecto. 7. El cura y la superiora están/estarán contentos porque les ha tocado la lotería. 8. La mayor parte de las personas desea/deseaba la paz. 9. El perro y la perra son/eran negros. 10. La puerta y la pared estaban manchadas.

2 Esta/esa/aquella alta torre se derrumba. 2. Se baña en la fresca agua del río. 3. No hay ningún hacha por aquí. 4. Por aquí no hay ningún aula libre. 5. El pavo real es un ave majestuosa. 6. El/un águila impone en las alturas. 7. Las abejas son obreras. 8. Disparó con un arma vieja. 9. La dura asa de la cesta se ha roto. 10. Lo habrá escondido en el arca.

Déficit - Superávit - Clubes - Lores - Eslóganes - Filmes - Eslálones - Recordmen - Córners - Tests - Lunchs - Bunkers - Rounds - Flirts - Sandwiches - Snobs.

Frases: Respuesta libre.

(4) 1. Los relojes son superexactos. 2. Es un humorista superingenioso/requeteingenioso. 3. Tiene un problema superdifícil. 4. Ha comprado un coche superrápido/requeterrápido. 5. Era un hombre terriblemente/atrozmente cruel/requetecruel. 6. Fue una persona supersilenciosa/extraordinariamente silenciosa. 7. Era de una familia paupérrima/terriblemente/rigurosamente pobre/requetepobre. 8. Nos recibió con un abrazo supercordial. 9. Compra sellos en un lugar superbarato/requetebarato/excepcionalmente barato. 10. Colecciona objetos muy/excepcionalmente diversos.

(5) 1. Inarmónico. 2. Indudable. 3. Irrecuperable. 4. Inhábil. 5. Imprudente. 6. Inconcluso. 7. Inoportuno. 8. Imperfecto. 9. Incoherente. 10. Inasequible.

(6) 1. Él se marchó sin decirnos adiós: se despidió a la francesa. 2. Hoy no podemos ir de excursión porque llueve a cántaros. 3. Ellos se llevan muy bien, ahora están a partir un piñón. 4. Tenemos que cumplir la orden al pie de la letra/a rajatabla. 5. Él está tan gordo porque come a dos carrillos/vive a cuerpo de rey. 6. El chiste fue tan divertido que todos se rieron a carcajadas. 7. No te metas en este asunto: zapatero, a tus zapatos. 8. Luis es un vago: vive a cuenta de su mujer. 9. Estaba tan harta de él que lo mandó a paseo. 10. No disimules, porque se te ve el plumero.

(7) Respuesta libre.

Ejercicio de acentuación

Los relatos de amor, Ariadna, deberían contarlos sólo las mujeres, porque en su corazón está siempre la clave, y en el nuestro la pasión, que no entiende e imagina. ¡Lo que tú podrías escribir, leído este cuaderno, y cómo quedaría en claro lo que ahora no lo es!

Añadirías nada más que un par de páginas escuetas, pero explícitas, de las que se podría inferir que la única razón de que no me hayas amado es que no me has amado, eso tan simple que yo complico con las galaxias remotas y con el desconocible secreto de la vida. El mundo recupera el orden alterado cuando el amor del varón halla correspondencia; ante el no, el mundo se desconcierta, todo queda fuera de lugar, y una incomprensión general acompaña al sentimiento decepcionado.

LECCIÓN 13

1 1. Por lo general estudia demasiado. 2. En la audiencia dieron por acabado el caso. 3. Antonio aprobó por recomendación. 4. La retransmisión fue anunciada por TV. 5. Después de las vacaciones pasaron por Ávila. 6. Los niños han sido educados por el padre. 7. Por la tarde suelen dar un paseo. 8. Haremos un viaje por Semana Santa. 9. Le detuvieron por error. 10. Le pregunté por el resultado del examen.

2 1. Para tu tranquilidad, el autobús sale con retraso. 2. ¿No has comprado carne para la comida? 3. No dejes para mañana lo que puedas hacer hoy. 4. Prepara oposiciones para TV. 5. Lleva un juguete para que la niña juegue. 6. Me he comprado unos patines para patinar. 7. Este regalo es para ti. 8. He hecho la compra para toda la semana. 9. Los atletas se han preparado para la competición. 10. Estudio para aprobar.

3 1. ¿No te has comido la sopa porque no te gusta? 2. Hoy explicará el presidente por qué ha dimitido. 3. Esa es la carretera por (la) que circulan más coches. 4. ¿Se averiguará alguna vez el porqué de ese trágico suceso? 5. También ella tiene sus porqués para sentirse enfadada. 6. No sé por qué has de mentir tanto. 7. Ya han tapado el boquete por (el) que se escaparon los toros. 8. ¡Apasionarse así porque su equipo perdió el partido! 9. Porque has comido mucho, tienes pesadez de estómago. 10. ¿Por qué tienes tanto miedo?

④ 1. ¿Qué vas a estudiar, sino F y L? 2. ¿Qué vas a hacer, si no vas a la discoteca? 3. No puedo estudiar si no te estás quieto. 4. Siempre he trabajado: ése ha sido mi sino. 5. No se darán cuenta de que entramos si no hacemos ruido. 6. No fue Pepe, sino Juan, quien lo decidió. 7. Me voy a enfadar si no vienes. 8. No fumes si no quieres toser. 9. El sino del artista es ser un personaje público. 10. ¿Quién, sino Goya, puede haber pintado ese cuadro?

⑤ Respuesta libre.

⑥ Respuesta libre.

⑦ 1. Este reloj es carísimo; cuesta un ojo de la cara. 2. No debes cenar tanto, ya sabes que de grandes cenas están las sepulturas llenas. 3. Él está de mal humor: tiene cara de pocos amigos. 4. Estos días andamos de cabeza porque tenemos muchísimo trabajo. 5. Ayer bebiste demasiado y te saliste del tiesto. 6. Para arreglar todos los papeles he tenido que ir de la Ceca a la Meca/de puerta en puerta. 7. Los trabajadores se cruzaron de brazos y no quisieron seguir trabajando. 8. De golpe y porrazo, cambió la situación. 9. Es muy fácil vivir del cuento y no cooperar. 10. Aquí no hay orden ni disciplina; esto parece la casa de tócame Roque.

⑧ La puntualidad

Asombrosa elasticidad la del horario español. Ya conté en otra ocasión la historia verídica del cura que, al llegar a su nueva parroquia, encontró que se fijaba la hora de/para un funeral vespertino en/a las 6.30, «para empezar a las 7.» Cuando preguntó por qué no se fijaba entonces claramente a las 7, escuchó la escandalizada respuesta del sacristán: «¿Para que vengan a las 7,30?»

En estos días Madrid, como capital administrativa del reino, está convulsionada por una orden ministerial del nuevo equipo de gobierno. Al parecer se han alterado varios sistemas concatenados de desayunos, acompañamiento de niños al colegio, compras en el mercado, etc. La ciudad se llena, de madrugada, de gente de mal humor que acude a su trabajo a una hora inverosímil, que resulta que era su hora de siempre, la hora que aceptaron cuando fueron designados para ocupar aquel sillón, silla o taburete en un organismo oficial. Pero que nunca se había llevado a la práctica.

LECCIÓN 14

1 1. Pepito está en casa. 2. Todo eso está muy bien. 3. Hoy estamos a 22 de julio. 4. El libro está sobre la mesa. 5. ¿Qué hora es? Son las siete. 6. Todavía es temprano. 7. ¿Qué te parece el niño? ¿Está/es muy alto? 8. Esta casa es muy luminosa, está en muy buen sitio. 9. Pedrito es muy trabajador, pero ahora está enfermo. 10. Me parece que la nena es/está muy guapa.

2 1. ¿Juan está/es soltero? 2. Ya lo creo, Juan es un solterón de tomo y lomo. 3. He encontrado a mi vecino muy mayor. Está muy envejecido. 4. ¡El pobre José es/está muy loco! 5. Estos días José está muy loco. 6. José está loco por la música. 7. María está llena de tristeza. 8. Esta pluma es japonesa. 9. Está/es tuerto desde la guerra. 10. El perro es fiel hasta la muerte.

3 1. María es muy simpática, pero hoy está antipática. 2. La cafetera está rota. 3. Este chocolate está frío, no está muy bueno. 4. Carlos está negro con tanto trabajo. 5. El agua de la bahía es/está muy fría. 6. Las noches de Santander son muy húmedas. 7. Enseguida salgo, ya estoy listo. 8. El director está para salir. 9. Ellos están a punto de salir, ya es muy tarde. 10. Toma el paraguas, está para llover.

4 1. Desde/por aquí no puedo ver nada. 2. Mañana salgo de Santander a/hacia/para Madrid y pasaré también por Burgos. 3. Este año ha sido muy malo para la cosecha de cereales. 4. Podéis contar con nuestra ayuda para resolver este problema. 5. La puerta del garaje se abre con un mando a distancia. 6. ¿Hablas en serio o en broma? 7. Tras muchas horas de discusión, llegaron a un acuerdo. 8. Llámame al mediodía a/desde la oficina. 9. Me quedé absorto ante el cuadro

«Las Meninas», de Velázquez. 10. Sin duda, ha tenido muy mala suerte en la vida.

5 1. Hasta/por ahora no he podido hablar con él por teléfono. 2. Entre tu forma de pensar y la mía hay un abismo. 3. Hay que luchar contra la desigualdad social. 4. La manifestación fue disuelta por la policía en un abrir y cerrar de ojos. 5. Le pusieron una multa por conducir a más de 120 km por hora. 6. Al/tras entrar el presidente en la sala de conferencias, todos se pusieron de/en pie. 7. Llevamos desde esta mañana hablando sin parar de/sobre este asunto. 8. Con/entre tanta gente no puedo divisar a tu hermano. 9. El lugar desde donde te escribo es un refugio de montaña con unas vistas preciosas sobre el valle. 10. En cuanto pueda, le enviaré al jefe de personal los documentos por correo certificado.

6 **LAS COCINITAS SON DE NIÑA**

Un niño de cuatro años entra en una juguetería y se dirige hacia una cocina casi tan grande como él. Papá, cómpramela. La dependienta le dice: «No, eso es de/para niñas». Inmediatamente, el niño deja de interesarse por la cocina y comienza a manipular una moto de pedales. A los dos o tres días recoge todos los «cacharritos» y pide permiso para regalárselos a su vecina, porque son de niña. Y así lo hace, pero ante la sorpresa de sus padres, vuelve de la casa de la niña con un inmenso muñeco a quien mece cariñosamente y golpea en la espalda, «para que eche el aire».

En la España del consenso hay adultos a quienes preocupa que los niños jueguen con muñecos. A nosotros nos escandalizan las tempranas manifestaciones de machismo y belicismo en los juegos de los niños, o el fomento de actitudes «femeninas», es decir, antifeministas, en los juguetes de las niñas.

7 1. Tengo que estudiar mucho porque mi profesor es un hueso/es muy suyo. 2. Puedes confiar en Pedro, sin duda es persona de fiar. 3. Este niño es más listo que el hambre. 4. No vamos a ver esta película porque nos han dicho que es un rollo. 5. Ella es una cabeza loca, sólo piensa en divertirse. 6. ... todo es cuestión de práctica. 7. Él no se asusta por nada, es hombre de pelo en pecho. 8. Creo que él es hombre de honor y cumplirá su palabra. 9. ¡No seas deslenguado y ten más respeto con las personas! 10. Esto es más claro que el agua y no necesita ninguna explicación.

8 1. El enfermo está muy grave: está entre la vida y la muerte. 2. Ha bebido demasiado y está alumbrado. 3. Tenemos que pagar tantas letras que estamos con el agua al cuello. 4. Ya no aguanto más esta situación; estoy hasta la coronilla. 5. Hoy el jefe está de mal talante, así que ten cuidado. 6. No les perdáis de vista; estad ojo avizor. 7. En vez de estar mano sobre mano, deberíais ayudar a vuestra madre. 8. Hoy estamos de enhorabuena porque nos ha nacido nuestro primer nieto. 9. Hemos trabajado tanto, que ahora estamos cruzados de brazos. 10. Él está enterado de todo el asunto: está al cabo de la calle.

9 Respuesta libre.

Ejercicio de puntuación

La frecuentación diaria del café de Madame Berger reservaba, en ocasiones, algunas sorpresas: Por punto común, a la monótona exhumación de los años de guerra sucedía el inevitable diagnóstico de los males de España: Los contertulios comentaban los últimos acontecimientos de la península: la abortada manifestación de universitarios, la carta de los falangistas descontentos, la baja espectacular del precio de la aceituna o una declaración del Consejo Privado de don Juan —con fórmulas breves y lapidarias, tales como «El Régimen ha entrado en su última fase de descomposición y podredumbre», «Los desesperados intentos de la Dictadura muestran su creciente incapacidad frente a la acción unitaria de las masas populares», «La economía española es una nave sin timón» o «Las contradicciones interiores se agudizan»— sentencias que vibraban en la atmósfera densa de humo, como un conjuro mágicamente repetido.

LECCIÓN 15

1 1. Como/porque permiten fumar, no se puede respirar. 2. Si conseguimos la victoria, iremos a Inglaterra. 3. Aunque/a pesar de que es hijo del catedrático, no aprueba la asignatura. 4. Si no hubiera habido huelga de controladores, hubiéramos salido. 5. Aunque era/a pesar de ser muy alto, no consiguió muchos encestes. 6. Porque/como has conseguido el premio, te compraré una motocicleta. 7. El profesor les dijo que se callaran(sen). 8. Aunque has comprado el coche, no has conseguido nada. 9. Cuando cogí el autobús, perdí el paquete. 10. Porque/como has castigado al niño, has empeorado la situación.

2 1. Cuando la familia estaba reunida, el padre repartió los regalos. 2. Porque/como trabajó con tesón, llegó a millonario. 3. Cuando hubo terminado el trabajo, salió de la oficina. 4. Si recibimos información, saldremos adelante. 5. Aunque compre barato, no me alcanza el sueldo. 6. Si encendéis la calefacción por la mañana, no tendréis frío. 7. Como sabíais nadar bien, os metisteis mar adentro. 8. Si lográis ganar las partidas difíciles, seréis campeones. 9. Cuando venía al departamento, me han dado esto para ti. 10. Como estaba en desacuerdo, dimití.

3 1. Los alumnos habían salido cuando llegábamos. 2. El acusado ha sido/fue/es/será declarado culpable. 3. Acabada la cena, los asistentes se marcharon. 4. Los niños, asustados, no salieron de su escondite. 5. El que canta se llama cantante. 6. Los pactos han sido/fueron/son/serán incumplidos por los firmantes. 7. Estuvo complaciente con el adversario. 8. El niño era obediente normalmente. 9. No estaba la nota correspondiente al día 30 de agosto. 10. Por la contaminación bebían agua hervida.

4 1. Al redactar/redactando la orden, estaba tranquilo. 2. Con tener/teniendo paz, viviríamos tranquilos. 3. Con ser/aun siendo muy duro, tiene buen corazón. 4. De haber aprobado/habiendo aprobado, habrías obtenido un regalo. 5. Al contar/contando el dinero, se llevó una gran alegría. 6. Al explicar/explicando la lección, es muy explícito. 7. De cortar/cortando el agua, no nos podremos duchar. 8. A pesar de tener/aun teniendo muchos amigos, nadie le ayuda. 9. De tener/teniendo tomates, haríamos una ensalada. 10. Al hablar/ hablando él, escuchan todos.

5 1. La policía le pudo echar el guante al ladrón. 2. Tenemos que echar cuentas porque a lo mejor no nos alcanza el dinero. 3. Voy a echar(me) un trago porque tengo mucha sed. 4. Ha abandonado a su mujer y se ha echado una amiga. 5. ¿Me puedes echar una mano en este trabajo? 6. En la boda de su hija invitaron a medio pueblo y echaron la casa por la ventana. 7. Para solucionar este problema, tenemos que echar toda la carne en el asador. 8. Voy a echar una ojeada para ver si ya ha pasado el peligro. 9. Han echado un mano a mano para ver quién era el más fuerte. 10. Si no hay ningún voluntario para este trabajo, tendremos que echar mano de alguien.

6 Respuesta libre.

Ejercicio de acentuación

En las anécdotas que me refería, el entusiasmo de Saúl dotaba al episodio más trivial —la roza de un monte o la pesca de una gamitana— de contornos heroicos. Pero era sobre todo el mundo indígena, con sus prácticas elementales y su vida frugal, su animismo y su magia, lo que parecía haberlo hechizado. Ahora sé que aquellos indios, cuya lengua había empezado a aprender con ayuda de los alumnos indígenas de la Misión Dominicana de Quillabamba —una vez me cantó una triste y reiterativa canción incomprensible, acompañándose con el ritmo de una calabaza llena de semillas—, eran los machiguengas. Ahora sé que aquellos carteles con dibujitos, mostrando los peligros de pescar con dinamita, que vi apilados en su casa de Breña, los había hecho para repartírselos a los blancos y mestizos del Alto Urubamba con la intención de proteger las especies que alimentaban a esos mismos indios que, un cuarto de siglo más tarde, fotografiaría el ahora difunto Gabriele Malfatti.

LECCIÓN 16

1 1. A las siete Juan se pone a estudiar. 2. Pedro (se) echó a correr. 3. Al conocer la noticia, Isabel rompió a llorar. 4. Nos ha tocado la quiniela. Vamos a ser ricos. 5. Los zapatos vienen a costar 72 euros. 6. Calculo que deben de ser las diez. 7. El coche vino a costar alrededor de 13.500 euros. 8. Quizá debe de estar en casa. 9. Llegué a suponer que estabas loco. 10. Acabo de ver a Carlos.

2 1. Los policías siguen buscando al ladrón. 2. La niña anda subiéndose a la ventana. 3. El cartero está repartiendo la correspondencia. 4. Juan viene a solicitar empleo. 5. Pedro va recordando el accidente a cada momento. 6. Carmen está cantando en el Real. 7. En verano siguen yendo de camping a la sierra. 8. Javier anda escribiendo un cuento para el certamen nacional. 9. El abuelo va caminando despacio. 10. Nieves sigue preparando oposiciones.

3 1. Tengo compradas doscientas botellas de vino. 2. He preparado la cena lo mejor posible. 3. La policía estuvo cercada durante mucho tiempo. 4. Llevo contados cinco penaltis sin señalar. La comisión interfacultativa fue autorizada a negociar. 6. Habíamos elegido los mejores trajes. 7. Tenían seleccionadas diez novelas. 8. Los jugadores fueron amonestados por el árbitro. 9. Ya hemos estudiado el asunto. 10. Tengo analizadas diez obras modernistas.

4 1. Estaba tan abstraído en sus pensamientos, que no nos oyó llegar. 2. Tus pensamientos son demasiado abstractos y te olvidas de la realidad. 3. Los guerrilleros han lanzado un manifiesto a toda la población. 4. El presidente ha manifestado que no permitirá ninguna huelga general. 5. La conferencia se ha suspendido por falta de público. 6. Él ha tenido cuatro suspensos y tiene que repetir curso. 7. ¿En qué imprenta se ha imprimido este libro? 8. Tiene que rellenar este impreso y entregarlo en la ventanilla 4. 9. Estoy muy cansado porque me he despertado muy temprano. 10. El niño sigue despierto aunque ya son las dos de la mañana.

5 1. Viendo estos pasteles tan ricos, se me hace la boca agua. 2. Tengo que hacer la colada, pues toda mi ropa está sucia. 3. Estaba tan borracho, que iba haciendo eses por la calle. 4. Cuando amanece, los pescadores se hacen a la mar. 5. No te hagas el sueco/de rogar y cuéntame todo lo que sabes. 6. Ya estoy harto de hacer el primo, siempre tengo que pagar las consecuencias. 7. Él ha hecho carrera y ahora tiene un buen puesto en la empresa. 8. Si quieres que te ayude, tienes que insistirle, pues le gusta hacerse de rogar. 9. El Ministro de Economía ha hecho un buen papel en la conferencia. 10. Estoy hecho un lío, pues con este problema tan difícil no sé por dónde empezar.

6 Respuesta libre.

LECCIÓN 17

1 1. Desde que te conozco/conoce/conocemos/conocen, siempre cuentas lo mismo. 2. Por las mañanas duermo/duermes/duerme/dormimos/dormís/duermen mejor que por las noches. 3. Los leones son animales mamíferos. 4. Si los obreros van a la huelga, paralizarán las obras. 5. Tú te vienes con nosotros. 6. Los periódicos publican muchos anuncios. 7. Por la tarde nosotros vamos a tu casa. 8. Mañana por la mañana nosotros salimos de viaje. 9. Los Reyes Católicos expulsan a los árabes. 10. Cristóbal Colón descubre América.

2 1. Presente por futuro: Pasado mañana iremos al teatro. 2. Mandato: ¡Cállate! 3. Expresión interrogativa: ¿Qué estudiaremos ahora? 4. Conato: Por poco me quedé/me he quedado sin desayunar. 5. Futuro: A las tres vendremos a despedirnos. 6. Presente actual: Estábamos reunidos y, de pronto, apareció la policía. 7. Presente por pasado: La Guerra Civil española empezó en 1936. 8. Expresión interrogativa: ¿Qué haremos ahora? 9. Presente actual: Si quieres, iremos al cine. 10. Presente por futuro: El jueves será fiesta.

3 1. Cortesía. 2. Acción continua. 3. Descriptivo. 4. Acción simultánea. 5. Cortesía. 6. Imperfecto de conato. 7. Cortesía. 8. Descriptivo. 9. Acción continua. 10. Acción continua.

4 1. No te enfrentarás/deberás enfrentarte a las fuerzas del orden. 2. Harás/tendrás que hacer lo que te manden. 3. Serán/deberán de ser las cinco de la tarde. 4. ¿Podrás/vas a atenderme unos minutos? 5. Ellos verán/tendrán que ver lo que dice mañana la prensa. 6. Juan nos ha dicho que habrá/va a haber manifestación. 7. ¿Crees que estudiarás/tendrás que estudiar mucho? 8. ¡No discutiréis/vais a/tendréis que discutir más! 9. Mañana saldremos/vamos a/tendremos que salir de viaje. 10. ¿Quién llamará a estas horas?

5 1. Esta canción tiene más años que Matusalén. 2. Mucha gente le admira porque tiene mano izquierda/renombre/personalidad/pasta. 3. El queso manchego tiene renombre en el extranjero. 4. Ella no tiene pelos en la lengua y dice todo lo que piensa. 5. No podemos decir que su método sea malo porque no tenga renombre/cada maestrillo tiene su librillo. 6. A Carlos todo le sale mal, el pobre siempre tiene/tuvo mala pata. 7. Este cómico es muy divertido y tiene cada ocurrencia…/buenas salidas. 8. Este niño pinta muy bien, yo creo que tiene pasta de artista. 9. Ten cuidado con él, pues tiene malas pulgas/la lengua larga. 10. El enfermo tiene la vida en un hilo; hay muy pocas esperanzas de que se salve.

6 Respuesta libre.

Ejercicio de puntuación

Un aeropuerto es el lugar más impersonal del mundo y, por lo tanto, el lugar donde la conducta del hombre puede ser —e incluso suele ser— más virtuosa. No se ha sabido nunca de un crimen cometido en un aeropuerto. Todo el mundo habla, camina, mira y escucha sin prisa las palabras de los altavoces indicando la hora de salida de los aviones, la ruta y las puertas de acceso. Son palabras dichas en tono claro y tranquilo. Los grupos que salen de los aviones recién aterrizados están formados por personas sonrientes; todo el mundo sonríe cuando sale de un avión, por la alegría del reencuentro con la tierra.

Los grupos de los que van a abordar el avión de salida están formados por personas taciturnas, que tienen la preocupación del accidente mortal, pero la llevan con dignidad.

LECCIÓN 18

1 1. En la luna podría haber vida. 2. ¿Querría indicarme dónde está el enfermo? 3. Cuando llegaron, serían las doce. 4. Si hicieras deporte, tendrías mejor ánimo. 5. Dijo que vendría ahora. 6. Al acabar la cena, serían las diez. 7. Si supieras lo ocurrido, te alegrarías. 8. Me gustaría que contaras conmigo para la fiesta. 9. Si lloviera, no iría/irías/iría/iríamos/iríais/irían de excursión. 10. Dijeron que inaugurarían la presa a fin de año.

2 1. Este año llueve/ha llovido poco, pero el año pasado llovió menos. 2. Ayer me enteré de que tú llegabas/llegarías esta mañana, pero no he podido esperarte porque tenía/he tenido una cita importante. 3. Tu padre me dijo/ha dicho/dice que estabas/estás en París, pero que pronto vendrías/vendrás. 4. Anoche el director se enfadó con los alumnos porque celebraron/habían celebrado una asamblea sin su permiso. 5. Ahora espero la noticia con ilusión, pues el año pasado me llevé un gran disgusto. 6. Hace un mes que me caí y todavía no me he repuesto. 7. Los Reyes llegaron/han/habían llegado a Santander dos horas después que el Presidente de Gobierno. 8. Esta mañana he bajado al pueblo para hacer compras. 9. Esta tarde a primera hora he/has/ha/hemos/habéis/han visto/veré/verás/verá/veremos/veréis/verán un gran partido de baloncesto. 10. Ahora decidimos/hemos decidido/decidiremos irnos de excursión.

3 1. Cuando me avisaron, yo ya había salido de casa. 2. Se acostó cuando hubo/había anochecido. 3. Aunque había llovido, el suelo no estaba mojado. 4. Ellos sabían que él había aprobado el examen. 5. Era la tercera vez que te había comentado algo sobre él. 6. Empezó la película apenas habían/hubieron arreglado la máquina. 7. Llegué al aeropuerto cuando el avión había despegado. 8. Cuando hubo heredado la empresa, sólo se preocupó de trabajar. 9. Una vez que hubieron desayunado, se marcharon. 10. Apenas había/hubo terminado de hablar, el público aplaudió largamente.

4 1. Creo que ellos ya habrán/habrían salido. 2. ¿Habrá/habría llegado ya? 3. Les dije que cuando les avisaran, ya habría/habrías/habría/habríamos/habríais/habrían comprado otro coche. 4. Si hubierais comprado la TV, habría/habrías/habría/habríamos/habríais/habríamos visto los partidos del Mundial. 5. Creo que mañana ella habrá encontrado pensión. 6. ¿No habrás traído vino, por casualidad? 7. Cuando acabéis, yo ya me habré duchado. 8. Si hubieran devaluado el dólar, habríamos salido beneficiados. 9. Por aquella época, ellos ya se habrían trasladado a Madrid. 10. Supongo que habrán estudiado los pormenores del contrato.

5 —Habrá/habría que ir a ver a Pepe. ¿No vamos a ir a ver a Pepe?

—Es verdad, ¡pobre! Habrá/habría que ir a verle.

Y para no quedar fatal, se deciden/decidieron a visitar a Pepe. Pero, ¿a qué hora? Más discusiones sobre la que mejor conviene/convenía/convendría a ambos. Por fin coinciden/coincidieron en el momento libre. Las siete, eso es. Te recojo/recogeré a las siete menos cuarto y vamos/e iremos juntos. A esa misma hora varias parejas que tenían/tienen el mismo escrúpulo de no haber ido a ver a Pepe, se reúnen en cualquier lugar de Madrid para cumplir con su obligación sentimental-social. Y así, doce amigos se presentaron/presentan juntos en la habitación de Pepe, llenándola de gritos y humo.

—¡Qué buen aspecto tienes! Estás estupendo —dicen/dijeron a coro.

Oyéndolos, cualquiera pensaría que su amigo, en circunstancias normales, tiene/tendría una cara deplorable y que nunca ha estado mejor que al encontrarse metido entre sábanas.

—¡Qué suerte tienes, sinvergüenza! Aquí tan calentito y nosotros en la calle. No sabes qué frío hace por fuera. Y las enfermeras, ¿qué tal? Oye, he visto una en el pasillo... Ah, bueno,

¿y qué ha dicho/dice el médico? —Pues el médico... —Principió/principia el enfermo, que apenas podía/puede pronunciar una palabra desde que han/habían llegado.

—Claro, hombre, claro, lo que yo pensaba. A la calle en cuatro días. Te lo digo yo. Ahora que, en tu caso, yo me quedaría/quedaba unos días más. ¿Qué prisa tienes en volver a la oficina?

Y así se sucedieron/suceden los minutos de la visita. Luego, entre golpecitos cariñosos y promesas de vuelta, fueron/van saliendo todos y el enfermo se quedó/queda solo, envuelto en un tremendo silencio.

6 Respuesta libre.

7 1. Antes de tomar una decisión, hay que tener en cuenta los pro y los contra. 2. Si no dejas la droga, irás de mal en peor. 3. Esto es maravilloso, en mi vida he visto cosa tan bonita. 4. Varios botes de salvamento vinieron en ayuda de los náufragos. 5. El accidente de coche ocurrió en un abrir y cerrar de ojos. 6. Se ha quedado sin trabajo, pues su jefe le ha puesto en la calle. 7. Ya sabes que en casa del herrero, cuchillo de palo. 8. Mi hijo ha estudiado filosofía en contra de mi voluntad. 9. Él era antes el ojito derecho del director, pero ahora ha caído en desgracia. 10. A pesar de la gran vigilancia, el documento secreto pasó de mano en mano.

Ejercicio de acentuación

Dormía con la boca abierta cuando recogí sus ropas y las fui guardando en la valija, separé sin tocarlos los papeles, la medalla, el lápiz, el encendedor y el dinero que contenían los bolsillos. Apagué la luz y salí, golpe a golpe la valija contra mi rodilla, calculando dónde podría esconder o quemar las ropas, dónde me sería posible encontrar a Stein para mentirle con mi silencio, para burlarme sin agresividad al pensar en todo aquello frente a su alegría, su inteligencia, la sucia avidez por la vida que le inquietaba. Me convencí de que era necesario no sólo hallar a Stein, sino situarlo en la primera tentativa; en la cigarrería de la esquina del hotel fracasé al consultar a Mami por teléfono.

LECCIÓN 19

1 1. Le pedí que me subiera(se) el sueldo. 2. Sentí mucho que os hubierais(seis) marchado/marcharais(seis) enseguida. 3. Parece como si ella estuviera(se) enfadada. 4. El viaje dependerá de lo que él decida. 5. Deseaba que su hijo fuera(se) piloto. 6. Sería inútil que tú lo intentaras(ses). 7. No puede ser que ellos hayan/hubieran(sen) acabado/acabaran(sen) tan pronto. 8. Salid para que no oigáis nada. 9. Confío en que atiendan/hayan atendido las indicaciones de la película. 10. Diga lo que diga, nunca llevará la razón.

2 1. No esperábamos que firmára(se)mos/firmarais(seis)/firmaran(sen) este año el tratado. 2. No sospeché que él se lanzara(se) en paracaídas. 3. Aunque le moleste, tome la medicina. 4. No me habría imaginado que supiera(se) la verdad. 5. Sería necesario que recordára(se)mos el pasado. 6. Te puse la TV para que vieras(ses) la retransmisión. 7. El miércoles podríamos quedar para que analicemos/analicéis la situación. 8. No creía que ellos hubieran(sen) llegado ya. 9. ¿Le pedirías que te ayudara(se)? 10. Dudo que pueda/pudiera(se) atravesar el Atlántico en tales circunstancias.

3 1. Habrían conseguido el triunfo si hubieran(sen) asimilado las consignas. 2. Aunque hayan vencido, la moral está muy alta. 3. Actúa como si fuera(se) la reina del lugar. 4. Aunque me lo pidiera(se), no se lo resolvería. 5. No creía que la situación hubiera(se) empeorado tanto en estos últimos días. 6. Apenas me instale/haya instalado en el hotel, bajaré a saludarte. 7. No desearía que ellos encontraran(sen)/hubieran(sen) encontrado las mismas dificultades que yo. 8. Por mi gusto, yo estudiaría/hubiera(se)/habría estudiado Derecho. 9. No me importa quién lo diga/haya dicho. 10. Es posible que la situación cambie/haya cambiado.

4 Desde que tuvo uso de razón el pobre Fernando no oía/había oído en su casa otra cosa sino hablar de la tía Adela, la millonaria.

—Cuando ella muera, tú serás el heredero de todos sus millones que son muchos —le susurraron/susurraban la primera vez que le llevaron a verla a su palacio de la Castellana. Era un crío de unos cinco años y salió deslumbrado de tan lujosa mansión. Todo lo miraba asustado el pobre hijo.

—¿Os preocupáis/habéis preocupado de educarle en el santo temor de Dios? —les preguntó a sus padres tía Adela.

—Sí —respondió la madre del niño.

—Que lo importante es que salve su alma.

—Claro, claro—reforzó el padre, adulón.

Le hizo una carantoña al chico y le dio cinco duros.

—Compradle/le compráis una hucha y que aprenda a ahorrar.

Y se la compraron. El chico venía grandullón y lo primero que aprendió de los amigos golfillos con los que se reunía, fue a fumarse todas las colillas que encontraba.

—Porque el día que muera tu tía Adela, todos los millones de ella serán para ti.

Pero se lo repitieron tanto su madre y su padre que el crío un día exclamó:

—Pues no sé qué hace que no se muere.

—Eso, aunque lo pienses, no debe salir de tu boca —le reprendió el padre, y el chico se fue a la calle a seguir buscando colillas.

5 Respuesta libre.

LECCIÓN 20

1 1. ¡Ve al cine mañana!/No vayas al cine mañana. 2. ¡Andad con cuidado!/No andéis con cuidado. 3. ¡Que salga él por esta puerta!/Que no salga por esta puerta. 4. ¡Venid aquí! Estáis castigados/No vengáis aquí. No estáis castigados. 5. ¡Que beban hasta emborracharse!/Que no beban hasta emborracharse. 6. ¡Escuchad! Es interesante/No escuchéis. No es interesante. 7. ¡Di todo lo que sabes/sepas!/No digas todo lo que sabes/sepas. 8. ¡Que entren despacio!/Que no entren despacio. 9. ¡Suba usted primero!/No suba usted primero. 10. ¡Bajen ustedes pronto!/No bajen ustedes pronto.

2 1. Se la corrige. 2. Explícaselo. 3. Enséñasela. 4. Díselo. 5. Se la explica. 6. Pónselas. 7. Enséñaselos. 8. Léeselos. 9. Aplicádselos. 10. Decídselo.

3 1. La noticia se divulgó por la radio. 2. Las casas se construyeron con dinero del Estado. 3. Se lo quita en cuanto entra. 4. Se van en el tren de París. 5. Se recibe a los embajadores en el Palacio Real. 6. Se pone las botas los días de lluvia. 7. Se quedan/quedaron en casa viendo la TV. 8. Se eligió al presidente por aclamación popular. 9. Se cansa de esperar tanto tiempo. 10. Se atendió a los viajeros en la estación.

4 Respuesta libre.

5 1. Creo que ya es hora de que habléis claro y pongáis las cartas boca arriba. 2. Todos los críticos ponen por las nubes al director de la obra. 3. Nadie quería ponerse al frente. 4. Cuando tuvimos que pasar por ese sitio tan peligroso, se nos puso la carne de gallina. 5. El director puso los puntos sobre las íes para que no hubiera dudas. 6. Al hablar de la falta de comunicación, se pone el dedo en la llaga. 7. Cuando le dijeron que su hijo tenía que repetir curso, puso el grito en el cielo. 8. Vamos a tomar unas cuantas copas para ponernos a tono. 9. Nadie pone en duda las promesas de este político. 10. Cuando abandonó la reunión, todos los demás pusieron pies en polvorosa.

Ejercicio de puntuación

Mi familia pertenecía a la clase intelectual húngara. Mi madre era directora de un seminario femenino, donde se educaba la élite de una ciudad famosa cuyo nombre no quiero decirle. Cuando llegó la época turbia de la posguerra, con el desquiciamiento de tronos, clases sociales y fortunas, yo no sabía qué rumbo tomar en la vida. Mi familia quedó sin fortuna, víctima de las fronteras del Trianón, como otros miles y miles. Mi belleza, mi juventud y mi educación no me permitían convertirme en una humilde dactilógrafa. Surgió entonces en mi vida el príncipe encantador, un aristócrata del alto mundo cosmopolita de los «resort» europeos. Me casé con él con toda la ilusión de la juventud, a pesar de la oposición de mi familia, por ser yo tan joven y él, extranjero.

LECCIÓN 21

1 1. Él me ha vendido el libro por/en tres euros. 2. Espero que volvamos a vernos pronto. 3. Quiero hablar con vosotros sobre este asunto. 4. Podemos empezar a comer. 5. ¿En/sobre qué te basas para defender su inocencia? 6. No te olvides de apagar la luz cuando salgas de/para/hacia casa. 7. No me acuerdo de lo que pasó. 8. Mi abuelo padece del corazón. 9. Esta obra consta de dos partes. 10. Él se ha aficionado a la fotografía.

2 1. Gran parte de la humanidad padece de hambre y habría que reclamar de los gobiernos de las grandes potencias una mayor solidaridad. 2. Tenemos que profundizar en este problema para tratar de buscar una solución rápida, pero para ello hay que contar con la colaboración de todas las fuerzas políticas. 3. Tanto los empresarios como los sindicatos se esfuerzan en llegar a un acuerdo para poder solucionar la difícil situación económica por la que atraviesa el país. 4. La oposición acusó ayer al gobierno de realizar una política partidista y le preguntó por las medidas que se van/iban a tomar en el futuro para poder terminar con el paro que afecta ya a un 15 por 100 de la población trabajadora. 5. Ayer entró en vigor la nueva ley de incompatibilidades que obliga a los diputados a dedicarse plenamente a la política y renunciar a cualquier otro trabajo remunerado.

3 1. Esta iglesia se empezó a construir en el siglo noveno. 2. El niño se comió media naranja. 3. Un tercio de los trabajadores está en contra de la huelga. 4. Más de un millar de personas participó en la manifestación. 5. Ella es la primera de la clase. 6. Alfonso Sexto sufrió una gran derrota. 7. Quiero comprarme un bolso y un par de zapatos. 8. ¿Cuánto cuesta medio kilo de pasteles? 9. Compra tres cuartos (de kilo) de carne de ternera. 10. La oficina está en el quinto piso, cuarta puerta.

4 1. Los carnavales brasileños son célebres. 2. El gobierno marroquí espera llegar a un acuerdo con los saharauis. 3. Muchos mahometanos acuden todos los años a la Meca. 4. La cerámica almeriense utiliza unos colores muy vivos. 5. La vida neoyorkina es muy alegre. 6. Los primeros cristianos vivían en catacumbas. 7. Los tomates canarios son pequeños, pero muy dulces. 8. Tengo muchos amigos panameños. 9. ¿Te gusta la jota aragonesa? 10. Las autoridades moscovitas no han hecho ninguna declaración oficial.

5 1. Sólo es necesario el carné de identidad. 2. Pasan los fines de semana en el chalé. 3. Se ha descubierto un compló militar. 4. Conoció a su mujer en un cóctel. 5. En París fuimos a un cabaré famoso. 6. Los partidos utilizan muchos eslóganes. 7. Charlie Rivel fue clon mundialmente famoso. 8. Por favor, sírvame un güisqui con hielo. 9. Estuvimos viendo unos filmes muy interesantes de Buñuel. 10. Hicimos noche en el chalé de la sierra.

6 Respuesta libre.

Ejercicio de acentuación

No lo puedo evitar, abuela... perdón. La primera vez fue culpa mía: me lo aposté con él... Pero las otras... ¡Perdóname, abuela, he sufrido tanto! ¡Dios mío, lo he pagado tan caro! Me tenía en sus manos, me amenazaba con venir a decírtelo si no le entregaba más y más... Yo no quería, pero él decía que si no continuábamos, me delataría... Era horrible. No podía vivir. Y es que él tenía que reunir dinero, decía que para comprarse una barca y marcharse a las islas griegas. ¡Está loco, sí, loco! Nunca podrás —le decía yo—. Están muy lejos. Pero él contestaba que eran pretextos para no darle más dinero... Es un diablo, igual que un diablo... Me pegaba si no le obedecía... ¡Es mucho más fuerte que yo!